Développez votre confiance en vous

Lionel Bellenger

esf EDITEUR

Management les guides

❸ Suivez les indicateurs de la confiance

Rien ne se fait sans confiance. La confiance en soi est donc une valeur de référence, une vertu qu'il faut cultiver en respectant certaines règles. Elle est une des clés du développement personnel et du progrès. Suivre les indicateurs de la confiance, c'est :

- ✔ savoir vous remettre en cause ;
- ✔ vous démarquer de la défiance et de la méfiance en toute lucidité ;
- ✔ prendre conscience qu'« avoir confiance donne confiance » ;
- ✔ installer un climat de confiance pour tout projet collectif ;
- ✔ s'astreindre à restaurer la confiance lorsqu'elle est faible.

Ces règles de vie peuvent également s'appliquer à la cohésion d'équipe sachant que votre confiance amènera les autres à redynamiser la leur. Alors, installez dès maintenant un climat propice autour de vous (voir encadré « Conseil pratique » ci-dessous).

Vous pouvez y arriver ! D'autres l'ont fait pourquoi pas vous ?

Conseil pratique

Comment installer un climat propice ?

Pour installer un climat de confiance, rassemblez tous les paramètres qui peuvent vous garantir le succès. Appliquez ces conseils tant à titre personnel qu'à titre collectif :

- **➜ soyez franc dans vos relations ;**
- **➜ prenez des engagements ;**
- **➜ tenez vos promesses ;**
- **➜ dans l'action, respectez vos engagements ;**
- **➜ montrez l'exemple, soyez rigoureux et vigilant ;**
- **➜ reconnaissez le travail, les compétences des autres ;**
- **➜ soyez exigeant envers les autres ;**
- **➜ sachez tirer les leçons de vos erreurs.**

Management
les guides

Fidèle à l'esprit du magazine *Management*, facile d'accès et très opérationnelle, cette collection propose des guides pratiques qui vous accompagneront dans votre quotidien professionnel comme personnel.

Dans chaque ouvrage, vous trouverez :

✔ des apports méthodologiques synthétiques ;

✔ des exercices pour vous entraîner : quiz, mises en situation, autoévaluations jalonnent votre lecture… ;

✔ des conseils pratiques, des témoignages pour illustrer les outils proposés ;

✔ des points clés repérables d'un seul coup d'œil, à réexploiter dans vos missions quotidiennes ;

✔ et, en fin d'ouvrage, les résultats des exercices commentés afin de capitaliser et de progresser.

Quatre axes de développement professionnel vous sont proposés grâce à cette collection : Efficacité professionnelle ; Pratique du management ; Développement personnel ; Les outils du pro.

Division de Reed Business Information - SAS au capital de 4 099 168 €
2, rue Maurice Hartmann, 92133 Issy-les-Moulineaux Cedex

Président : Antoine Duarte - Directeur de publication : Antoine Duarte

www.esf-editeur.fr

3e édition 2009

Illustrations : Patrick Chenot

ISBN : 978-2-7101-2060-5 / ISSN : 1771-9895

Dans la même collection

Si vous avez aimé cet ouvrage, retrouvez les autres titres de la collection :

Série Efficacité professionnelle

- *Changer de job*
- *Comment manager votre manager ?*
- *Cultivez efficacement vos réseaux*
- *Décidez vite, décidez bien*
- *Dynamisez vos réunions*
- *Gérez votre temps… pour en gagner !*
- *Lisez vite, lisez mieux*
- *Optimisez votre organisation*
- *Réussissez dans vos nouvelles fonctions*
- *Réussissez toutes vos négociations*
- *Réussissez vos prises de parole*
- *Savoir se vendre*
- *Sept minutes pour convaincre*

Série Pratique du management

- *Déléguez en toute sérénité*
- *Évaluez vos collaborateurs pour bien manager*
- *Fédérez votre équipe avec succès*
- *Libérez vos talents de manager*
- *Managez des personnalités difficiles*
- *Managez en restant vous-même*
- *Managez un projet avec succès*
- *Motivez pour gagner*
- *Optimisez vos relations aux autres*
- *Recrutez gagnant-gagnant*
- *Toutes les clés d'un bon coaching*

Série Développement personnel

- ✔ *Affirmez-vous au quotidien*
- ✔ *Apprenez à vous connaître*
- ✔ *Bien se connaître pour réussir*
- ✔ *Boostez votre créativité*
- ✔ *Boulot-vie privée : équilibrez vos vies*
- ✔ *Mieux vivre avec votre stress*
- ✔ *Musclez votre mémoire*
- ✔ *Positivez vos émotions au travail*

Série Les outils du pro

- ✔ *Réussissez votre business sur le web*
- ✔ *Toute la finance pour non-financiers*
- ✔ *Toutes les clés de l'auto-entrepreneur*
- ✔ *Toutes les clés du droit du travail*
- ✔ *Toutes les clés d'un business plan réussi*
- ✔ *Toutes les clés d'une stratégie gagnante*
- ✔ *Toutes les clés pour réussir son plan marketing*

Hors-série

- ✔ *La bible du manager*
- ✔ *La bible pour bien communiquer*
- ✔ *Réussissez votre création d'entreprise*

Sommaire

CHAPITRE 1

CHAPITRE 2

CHAPITRE 3

CHAPITRE 4

CHAPITRE 5

CHAPITRE 6

Introduction

En ayant confiance en vous, vous augmentez vos chances de réussir dans votre vie professionnelle comme dans vos relations personnelles.

Le moment est venu d'y voir plus clair et de mieux comprendre comment la confiance peut vous accompagner, notamment dans les moments difficiles. Il est temps de comprendre comment devenir votre meilleur allié.

Cet ouvrage vous propose un parcours en deux temps. D'abord, il vous aidera à admettre que vous êtes le résultat de votre propre histoire et que le socle de votre confiance a commencé à se construire dès votre petite enfance pour se poursuivre lors de votre adolescence. Puis il vous amènera à prendre du recul. Mieux vous connaître est indispensable pour avancer dans la vie en apprenant à vous accepter. Cela ouvre une voie pour développer une meilleure estime de soi et gagner en lucidité.

Ceux qui ont confiance en eux respectent certains principes de vie : faire l'effort de clarifier ce qu'ils veulent, être plus attentifs aux autres, tenir ses engagements, oser se remettre en cause, relativiser.

Car, en effet, avoir confiance en soi ne se décrète pas. Il faut prendre le temps de réfléchir, de préparer les moments forts de la vie, de se ménager des pauses de tranquillité. Avoir le souci de soi en quelque sorte. Un mental fort, cela se travaille ! Ce livre vous aidera à réfléchir sereinement, à vous tenir à l'écart de la fébrilité en vous donnant des vrais repères.

Votre expérience et ce que vous êtes ne demandent qu'à être mieux guidé. Vous avez des atouts, apprenez maintenant à les mobiliser. Au fil des pages, vous découvrirez les conseils qui vous aideront à progresser vers plus d'aisance pour réussir des changements, augmenter vos performances, améliorer vos relations aux autres.

Il y a des choses simples à découvrir et il n'est jamais trop tard pour apprendre à vous faciliter la vie. Vous sortirez de cette lecture convaincu que la confiance en soi est le fruit de votre travail sur vous-même et qu'il y a bien des façons – autant des petites choses que de grands principes de vie – qui concourront à améliorer votre confiance en vous.

Chapitre 1

Mettre en place les conditions de la confiance

Objectifs du chapitre

- ✗ Comprendre ce qu'est la confiance.
- ✗ Suivre les indicateurs de la confiance.
- ✗ Nourrir sa confiance.

Section 1

Comprenez le besoin de confiance

Comprendre d'où vient la confiance, quels sont les mécanismes qui la composent et pourquoi elle peut être fragile, vous amènera à dépasser les blocages qui freinent vos challenges au quotidien.

1 Admettez votre besoin de confiance

Quels que soient vos qualités et vos atouts, le besoin de confiance est nécessaire pour avancer sereinement dans la vie. La preuve : le terme même de confiance est un mot du langage courant tant il est essentiel.

⏭ La confiance au centre des préoccupations

Sans confiance votre mobilisation ne vous semble-t-elle bloquée ? Comme engourdie, et comme si rien n'était possible ? Et cela tant pour les personnes que pour l'entreprise. Ainsi existe-t-il des crises économiques ou politiques, des crises de confiance, des pannes de confiance.

A contrario, le terme de confiance est toujours présent dans nos esprits lorsqu'il s'agit de succès, que ce soit de réussite individuelle ou de succès collectif. Elle est inscrite dans le discours de ceux qui cherchent à fidéliser leurs clients. La confiance est un bon indicateur pour traduire l'état des relations entre deux individus. Quand elle est observée, cela signifie que les personnes respectent les règles implicites de la confiance pour entretenir de bonnes relations.

Dans les entreprises, le stress actuel fait émerger ce besoin des salariés de travailler dans un bon climat de confiance. **La confiance agirait donc comme un stimulant pour l'action** et nous serions de ce fait plus ou moins vulnérables selon le potentiel de confiance en nous et en notre environnement.

Ainsi, le besoin de confiance est nécessaire parce qu'elle a des impacts plus forts que ceux que vous imaginez. Elle agit sur trois axes :

✔ *sur vos relations avec les autres :* êtes-vous inhibé ou non ? Appréhendez-vous la prise de parole en public ?

✔ *sur vos actions :* vous sentez-vous incapable de passer à l'acte, reculez-vous devant les obstacles, pensez-vous que vos chances de succès sont minces ?

✔ *sur vos états émotifs :* sans confiance, ressentez-vous des blocages ? Êtes-vous angoissé devant la nouveauté ?

Mémento

Expressions choisies

Voici quelques expressions courantes intégrant la notion de confiance :
→ confiance en soi,
→ relation de confiance,
→ confiance en l'avenir,
→ confiance dans le groupe ou l'équipe,
→ climat de confiance,
→ personne de confiance,
→ confiance mutuelle.

⏭ Vous pouvez créer les conditions de la confiance

Sachez que la confiance se construit au quotidien. Il est essentiel de comprendre qu'elle dépend de deux éléments en interaction permanente :

✔ *la confiance en soi au plan individuel :* elle se gagne par un travail sur soi-même, en suivant une vraie discipline ;

✔ *la confiance au sein des groupes, au plan collectif :* elle se cultive par le respect des contrats, par la transparence et la recherche d'harmonie, de consensus.

Vos efforts seront très vite récompensés : la confiance apparaît comme un passage obligé, une sorte de passeport pour l'aventure. Elle permet d'entreprendre, de réussir ensemble à partir des ressources mises en commun et des talents individuels.

2 Sachez définir la confiance en soi

L'idée de confiance en soi est indissociable d'un **sentiment d'unité, de tranquillité, de disponibilité pour prendre des risques**. Elle permet de réaliser ce que vous vous sentez capable de faire et elle inclut la double problématique de **l'accomplissement et du dépassement**.

Par accomplissement, entendez : exprimer ce que vous ressentez comme possible et désiré. Par dépassement, songez à la notion d'engagement, de risques, de courage à oser, le tout en étant libre de ses choix et en ayant conscience du but à atteindre.

⏭ Une définition de la confiance en soi

Les comportements révélateurs du manque de confiance en soi indiquent clairement que celle-ci est tout autant **dépendante de vous en tant qu'individu** (avec tout ce que cela comporte : votre histoire, vos désirs...) **que des influences**, plus ou moins maîtrisées, du **contexte social**. Or, les enjeux de la confiance en soi ne sont pas négligeables. Pour en prendre conscience, voici quelques implications de la confiance en soi dans les comportements : oser, se donner des objectifs, les atteindre, tirer parti de ses expériences pour évoluer, etc.

⏭ Qu'est-ce que veut dire « avoir confiance en vous » ?

Avoir confiance en vous, c'est :

✔ ***attacher une importance à ce qui vous arrive et respecter ce que vous ressentez et éprouvez*** (sans pessimisme et découragement, sans peur, ni jugement, c'est-à-dire avec une bonne vision de la réalité) ;

✔ ***être capable de prédire facilement certains de vos comportements, constater que vous êtes rarement pris de court,*** ou surpris au point d'être désarmé ou démuni ;

✔ ***vous sentir le plus souvent libre de vos choix,*** maître de vos réponses sans être obligé de toujours vous en référer aux autres ;

✔ ***oser prendre des risques,*** les partager ou non ;

✔ ***faire preuve de consistance,*** de cohérence interne, être en accord avec vous-même ;

✔ ***être capable de transparence,*** c'est-à-dire voir clair dans les critères qui vous font décider, accepter, renoncer, différer des choses ;

✔ ***avoir le sentiment d'une bonne coopération avec vous-même***, rechercher le meilleur accord possible en acceptant vos atouts et vos points plus vulnérables.

Vous savez maintenant combien la confiance en soi est importante. Alors êtes-vous prêt à vous mettre en condition pour développer la vôtre ?

Et vous, où en êtes-vous ?

Mesurez votre manque de confiance en vous

Parmi ces propositions, cochez celles qui vous sont familières, celles qui traduisent votre comportement.

Vos états d'esprit	Les attitudes qui vous sont familières
Vous vous sentez timide.	
Vous avez peur des autres.	
Vous voulez toujours prouver, démontrer quelque chose.	
Vous doutez de vos capacités.	
Vous êtes souvent stressé.	
Vous avez besoin que les autres disent que vous êtes bon pour être sûr que vous l'êtes.	
Vous pensez ne pas réussir à faire ce que vous avez envie de faire.	
Vous faites des complexes.	
Vous n'osez pas foncer.	
Vous n'osez pas vous exprimer en public.	
Vous vous méfiez tout le temps.	
Vous êtes souvent pessimiste.	
Vous avez peur de l'échec.	
Vous avez peur des changements.	
Vous n'êtes pas sûr de réaliser vos objectifs.	
Vous n'osez pas refaire une chose que vous avez ratée.	

Pour connaître le résultat de votre autoévaluation, reportez-vous à la page 117.

Section 2

Adoptez le bon état d'esprit : préparez votre mental…

Comme tout le monde, la confiance est au centre de vos préoccupations. Vous savez que vous avez besoin d'évoluer en matière de confiance car vous avez déjà expérimenté les effets néfastes de son manque. Pour cela, il vous faut adopter le bon état d'esprit, celui qui vous donnera un mental fort et augmentera votre capital confiance.

❶ Entretenez votre confiance au quotidien !

La confiance est enracinée dans la **volonté** mais les recettes les plus importantes pour gagner en confiance sont : un **bon état d'esprit, de la méthode et de la rigueur**. Pour travailler **en** confiance et **avec** confiance, il est nécessaire de devenir tout d'abord son meilleur allié. Votre manière d'être en confiance, de susciter celle-ci, de la partager et de la maintenir est un élément important de votre capital personnalité.

⏭ Apprenez à vous respecter

Le travail de la confiance se gagne par le respect de soi. **Prenez conscience que vous êtes votre meilleur allié** et que vous devez changer votre perception des choses afin d'être sur la bonne voie, celle qui développera votre confiance.

Vous respecter, c'est déjà suivre ces quelques conseils qui posent des limites :

- ✔ faire avec les autres… mais ne pas tout attendre des autres ;
- ✔ tenir compte des avis ;
- ✔ exploiter les opportunités qui se présentent ;
- ✔ être vigilant ;

- être capable de **lâcher prise** si le chemin est parsemé d'obstacles… pour mieux se **remettre en selle** et repartir ;
- cultiver la bonne distance avec les événements ;
- connaître et maîtriser son métier ;
- être habité d'une **curiosité** sans faille, c'est-à-dire d'un esprit d'ouverture érigé en véritable élixir de jouvence ;
- avoir un esprit d'équipe pour gagner, car la confiance mutuelle fait les grands succès.

Cultivez votre esprit d'équipe

Vous verrez bientôt que pour acquérir cette confiance collective, il faut mettre tous les atouts de votre côté, réguler vos comportements face aux autres et les inciter à adopter eux-mêmes les bons comportements : l'esprit d'équipe n'est pas une fusion affective superficielle mais au contraire un système complexe de tensions, d'ambitions, d'exigences partagées et canalisées au service d'un même but : faire gagner le groupe.

L'esprit d'équipe, c'est une somme de contributions individuelles. En l'occurrence, la confiance de chaque individu est mobilisée car elle contribue à installer la confiance de tout le groupe.

2 Identifiez vos symptômes pour sortir de la crise

Toute crise de confiance obéit au principe de **cristallisation**. Les causes s'amassent. La crise de confiance passe par des changements de comportements : trouble, désarroi, démobilisation, égarement, dispersion, repli sur soi, inhibitions diverses, négativisme, dépit, hésitation, expectative…

Traversez-vous une crise de confiance ?

Sachez reconnaître l'existence de la crise de confiance. Quand le doute s'installe en vous et qu'il devient l'ennemi de l'effort et du désir, vous pouvez vous interroger. Si vous vous rendez compte qu'il prend une place importante lors de vos agissements, vous comprendrez qu'il ne vous aide pas : il ne vous met pas seulement en garde, il arrive à vous démobiliser, vous décourager. Conséquence : vous n'avez plus envie de vous battre !

Quelles sont les causes de la crise de confiance ?

Les causes de la crise de confiance sont multiples et, vous n'êtes pas le seul responsable. En effet, vous êtes constamment en interaction avec votre environnement et les causes de la crise de confiance sont diverses et souvent conjuguées. Elles sont autant liées à votre personne qu'à votre exposition aux autres :

- injustices, brimades, rivalités, intimidations, menaces ;
- frustrations, échecs, défaites répétitives, impuissance ;
- promesses non tenues, remise en cause des acquis ;
- horizon bouché, avenir incertain, absence d'ambition ;
- pression des contradictions, problèmes d'identité ;
- pouvoir castrateur, manque de soutien, manque d'objectifs ;
- vulnérabilité des organisations, essoufflement des structures ;
- manque de ressources, privations, perte de moyens ;
- inadaptation, décalage, inaptitude, incompétence.

Pour aller plus loin

La crise de confiance au niveau collectif

Il est important d'identifier les symptômes de la crise de confiance au sein d'un groupe avant d'aboutir à sa paralysie. La crise de confiance guette toute organisation humaine car le fonctionnement d'un groupe est fragile et comporte des effets pervers dus à la dynamique de groupe :

→ le manque de communication et les rivalités profondes peuvent nourrir à elles seules une vraie crise de confiance ;

→ de plus, les paradoxes et les fortes contradictions existant dans un groupe sont des ennemis redoutables pour la confiance collective car ils incitent les membres du groupe à l'exaspération, la démobilisation, la rancœur, le découragement...

Rechercher les causes de cette crise est une étape fondamentale tant au niveau individuel que collectif. Après cette prise de conscience, vous serez prêt à adopter les stratégies pour sortir de la crise de confiance.

Section 3

Appliquez les sept conditions pour un mental fort

Dans l'action et la traversée des épreuves, c'est votre mental qui fait la différence, qui n'est autre que votre capital confiance. Mis à contribution, il révèle tout votre potentiel et vous permet de l'affermir. Il faut donc apprendre à le gérer pour apprendre à compter sur vous et devenir votre meilleur allié.

1 Re-la-ti-vi-sez !

Émettre un jugement trop hâtif sur vos échecs n'est pas correct… À l'inverse croire qu'une première expérience réussie vous met à l'abri pour la suite n'est pas non plus le bon comportement à adopter. Apprendre à relativiser, c'est faire preuve de **lucidité, en faisant la part des choses** entre ce qui va et ce qui ne va pas et donc en mesurant les progrès qui sont à accomplir. **Prenez de la distance sans refuser d'affronter la réalité** : cela vous aidera à mieux anticiper et préparer vos décisions pour vos actions, sans panique ! En tirant ainsi parti de vos expériences, vous devenez votre **meilleur allié** !

Vous avez raté la première présentation en réunion que votre patron vous a confiée. Vous en concluez que parler en public n'est pas votre point fort. Certes, votre performance n'était peut-être pas excellente mais c'était bien une première ! Ne généralisez pas à partir d'une seule situation en disant : « Je ne sais pas faire ». Ressaisissez-vous ! Et tentez une deuxième expérience.

2 Donnez-vous de vrais objectifs

Tergiverser lézarde la confiance. Alors, pour y remédier, mobilisez-vous, facilitez votre concentration et pour cela, prenez soin de vous fixer des objectifs. Comment faire ?

- ✔ Prenez le temps de réfléchir.
- ✔ Faites le tri dans vos intentions. Quelles sont celles qui vous mobilisent vraiment ?
- ✔ Quelles sont celles que vous pouvez transformer en objectifs, c'est-à-dire celles que vous pouvez traduire en critères mesurables et échéancés ?
- ✔ Bâtissez un plan d'action en vous donnant cette fois des objectifs de moyens (« Comment puis-je y arriver ? »).
- ✔ Puis passez à l'acte : agissez selon votre objectif fixé, vos objectifs de moyens et votre plan d'action.

> **Pour aller plus loin**
>
> **Prioriser ses objectifs**
>
> **Hiérarchisez les objectifs en définissant leurs priorités. Pour vous y aider, regardez les plans d'action de chacun de ces objectifs. Cette dernière étape n'est pas la moindre : c'est celle qui vous fait profiter des bénéfices : une meilleure concentration et plus d'efficacité.**

Se fixer des objectifs, c'est bâtir son avenir, c'est être l'architecte des efforts à réaliser.

L'exemple suivant peut vous donner des pistes. Vous décidez de maigrir avant l'été, il vous reste trois mois pour y parvenir. Clarifiez bien vos objectifs : qu'est-ce que vous voulez ? (perdre du poids pour vous sentir mieux) ; pourquoi ? (parce que vous voulez mieux profiter de vos vacances et du sport que vous voulez faire…). Ensuite, fixez-vous un plan d'action en plusieurs étapes :

- ✔ surveillez votre nutrition et appliquez les règles de diététique que vous venez de découper dans un article ;
- ✔ faites un jogging chaque samedi et chaque mercredi soir ;
- ✔ faites quinze minutes de marche à pied tous les jours ;
- ✔ visez 500 g de moins par semaine et vérifiez-le en vous pesant ;
- ✔ trouvez-vous un ou une amie qui partage le même objectif.

Avec des objectifs, vous avancerez plus vite. Mais peut-être pas tout seul… Votre entourage peut vous soutenir.

❸ Ouvrez-vous aux autres

L'égoïsme et l'égocentrisme sont de redoutables freins. Restez branché sur les autres et sur le monde : écoutez, échangez et observez afin d'être capable de vous adapter face aux changements.

Comment améliorer votre confiance en autrui ?

✔ *Soyez curieux.* C'est un atout fort de la confiance en soi car interroger, c'est s'informer et s'informer, c'est réduire l'incertitude.

✔ *Faites un travail d'anticipation,* cela vous permettra d'être plus volontariste face aux événements pour ne plus les subir. Vous gagnerez ainsi en **assurance** et vous développerez votre **sociabilité**.

La confiance des autres est le meilleur aiguillon de votre confiance en vous. Pour l'obtenir, les mots sont importants. L'optimisme est un carburant pour une équipe et un stimulant pour le travail sur le terrain.

Conseil pratique

Savoir jauger les risques

Quand le défi est ambitieux, restez vigilant, en prenant conscience des risques :

➜ vous ne devez pas vous énerver, polémiquer et discuter avec votre interlocuteur en vous épuisant dans des combats d'arrière-garde ;

➜ au contraire, vous devez garder à l'esprit que vous recherchez une compréhension mutuelle ;

➜ postulez la confiance avec votre interlocuteur ;

➜ enfin, soyez indulgent avec vous-même : si la situation est difficile, nouvelle, vous ne pourrez pas être parfait : accordez-vous le droit à l'erreur.

④ Soyez combatif

Être combatif, c'est savoir que vous pouvez vous impliquer plus et prendre du plaisir à **résoudre des problèmes en apportant des réponses positives, à vous battre, à renverser une tendance**. C'est rechercher l'exigence et le challenge avec vous-même et savoir que vous avez des ressources. Une certaine accoutumance à la difficulté forge un moral de vainqueur car l'adversité ne fait plus peur : elle incite à agir.

Avoir confiance en soi, suppose une vision forte et positive (« Tant qu'il y a de la vie, il y a de l'espoir », dit l'adage) et une approche pragmatique (voir le verre plutôt à moitié plein qu'à moitié vide). En atteignant vos objectifs, en relevant vos défis malgré les contraintes, vous vous donnez vous-même la preuve que la confiance existe bel et bien.

❺ Appliquez ce que vous dites

Sachez que tenir ses promesses est essentiel ! Être à la hauteur de ce que vous annoncez vous donnera un mental fort. Devenez exemplaire, donc crédible, pour renforcer votre pouvoir d'influence.

De plus, pour préserver votre potentiel d'énergie, apprenez la consistance : mettez en accord vos paroles et vos actes, en sachant dire oui ou non avec fermeté, en justifiant vos choix.

❻ Faites-vous votre propre opinion

Les personnes qui ont un mental fort exercent souvent leur propre **libre arbitre**. En effet, n'existe-t-il pas une grande différence entre tenir compte des autres et du contexte, et dépendre des autres et du contexte ? Si vous êtes trop influençable et vulnérable, vous ressentez de plein fouet les contradictions, les injustices et les provocations.

Exercer son propre libre arbitre, c'est se faire son opinion à soi qui donne confiance. En effet, il est toujours plus simple de suivre son idée que d'échouer avec l'idée d'un autre… qui vous aurait influencé.

❼ Préparez-vous

Reconnaissez qu'il est difficile d'avoir confiance en soi quand vous n'êtes pas au point sur un dossier, sur un discours… Pour ne plus tomber dans ce piège, **investissez du temps dans la préparation**. Se préparer, c'est se respecter et en même temps accorder de l'estime aux autres : c'est apporter la preuve que vous attachez de l'importance à la rencontre, c'est mobiliser votre savoir-faire, votre expertise. Pour être véritablement à l'aise, pensez à **répéter** : entraînez-vous pour les négociations, testez vos transparents avant une présentation en public… Prévoyez ce temps de préparation en le notant dans votre agenda par exemple.

Cette étape participe grandement aux résultats des sportifs de haut niveau et à leur qualité, alors adoptez ce conseil ! Il vous permettra de ne pas gaspiller votre énergie et vos compétences.

Section 4

Nourrissez votre confiance

Il ne suffit pas d'invoquer la confiance, ni de la regretter, ni de l'attendre, il faut l'entretenir, mettre en place les bonnes conditions, soigner votre mental. Il faut amorcer la dynamique puis la nourrir et la réguler. En ce sens, la confiance est un peu un nouveau principe de management de soi et des autres qui obéit à des règles précises que voici exposées.

❶ Sentez votre capacité à réussir

L'image que vous avez de vous-même, quelle qu'elle soit, influe sur votre comportement tant dans votre sphère privée que professionnelle. Votre degré d'estime personnelle a des influences sur votre façon de travailler, d'envisager vos évolutions, vos projets. Vous ne pouvez pas rester indifférent à ce que vous pensez de vous-même.

Poser le socle de la confiance en soi, c'est déjà vous convaincre que vous disposez d'atouts dans la vie, que vous savez exploiter vos ressources, que vous ne reculez pas devant les difficultés de la vie. C'est également avoir confiance en votre droit au succès : vous méritez comme tout le monde d'accéder au bonheur.

Ces deux convictions agissent sur votre capital confiance, elles sont le moteur de votre motivation. Elles vous aident, avant et pendant vos actions, à raisonner de manière positive. Même si votre estime personnelle est constamment soumise aux variations de votre environnement et vous apporte quelques doutes. Il s'agit donc d'y remédier afin de préserver une bonne image de vous.

❷ Luttez contre les effets de la défiance

Tels les philosophes, vous pouvez douter mais n'y consacrez pas tout votre temps. Si la défiance à l'égard des savoirs est intéressante, la défiance à l'égard des autres ou de vous-même est… dangereuse.

En effet, si cette dernière s'installe, si elle devient pour vous un réflexe, votre confiance en soi en pâtira. Pour y remédier, voici quelques conseils :

- ✔ évitez d'être envahi par le doute ;
- ✔ rejetez l'indifférence, l'abstention, l'irrésolution ;
- ✔ ne vous protégez pas trop, ne prenez pas trop de précautions… ;
- ✔ faites des choix ;
- ✔ prenez des décisions ;
- ✔ acceptez de prendre des risques ;
- ✔ prenez conscience que vous détenez vous-même la solution.

Pour restaurer la confiance, sachez qu'une recette existe, elle dépend d'une éthique.

❸ Mobilisez vos véritables atouts

Pour relever des défis, vous sollicitez votre savoir-faire, votre expertise, bref votre expérience des situations. Aussi, pour nourrir la confiance, mobilisez ces trois atouts que vous savez déjà utiliser :

✔ ***Soyez actif.*** Vous pouvez décider de votre vie en agissant sur votre image personnelle et en vous affirmant. Faites vos choix en toute conscience. En ce sens, vous serez responsable de votre vie, personne ne prendra les décisions à votre place. Acceptez également l'idée d'assumer vos prises de position.

✔ ***Mettez la curiosité au service de votre intelligence.*** Au-delà de votre bagage technique engrangé par des études et/ou par votre expérience professionnelle, restez curieux. En effet, être curieux, c'est vouloir apprendre et accepter l'idée que l'on apprend tout au long de sa vie, c'est conserver le plaisir des découvertes. Le plus important est que cette mobilisation de votre intelligence s'inscrive dans une dynamique de développement et d'enrichissement propice à votre bien-être et à votre capital de confiance.

Conseil pratique

Concocter la potion magique de la confiance

Pour restaurer la confiance, il convient de rassembler les trois ingrédients suivants :

➜ faire des choix ;

➜ prendre des risques ;

➜ s'en tenir aux décisions prises avec fermeté et détermination.

✔ ***Entretenez votre faculté d'adaptation.*** Si vous avez confiance, vous n'avez pas peur du changement. Votre capacité à gérer le changement est importante pour nourrir votre confiance. Apprenez à tenir compte des éléments clés de la réalité pour bien cerner les éventuels problèmes à résoudre. Pour cela, vous devez tenir compte de vos besoins, de vos désirs, de vos objectifs, de vos intuitions.

Votre estime personnelle vous guide dans vos actions. Mais pour ne pas être dépendant d'une estime de soi un peu fragile, concentrez-vous sur les faits et seulement les faits en faisant abstraction de vos interprétations et émotions. S'adapter, c'est les prendre en compte et accepter de modifier votre trajectoire pour atteindre le but que vous vous étiez fixé.

Cultivez ces trois atouts, afin de ne pas rester ancré dans vos habitudes. Osez vous confronter à de nouvelles réalités et restez curieux pour apprendre ; cela vous dotera d'une nouvelle efficacité. Vous renforcez ainsi le sentiment de votre habileté intellectuelle et donc votre estime de vous-même. Ainsi, vous nourrissez tous les jours votre confiance.

❹ Cultivez votre indépendance

Vous ne pouvez pas être pleinement efficace dans vos actions si vous n'avez pas confiance en vos capacités à apprendre, à choisir, à prendre des décisions, à comprendre vos désirs et vos besoins. Aussi :

- ✔ concentrez-vous sur vos idées si vous estimez qu'elles sont bonnes et défendables et ce, même si vous pensez que votre environnement ne les acceptera pas ;
- ✔ faites-vous confiance : vos intuitions ne sont pas toutes fausses, ne l'avez-vous pas déjà vérifié par le passé ?
- ✔ restez à l'écoute de vos émotions et de vos intuitions car en cultivant votre indépendance, vous renforcez votre force intérieure.

Voici réunies autour de vous toutes les conditions de la confiance. Il est donc temps de songer à renforcer vos acquis.

Et vous, où en êtes-vous ?

Allez au-devant de vous

Le moi est une construction. Lacan, après Freud, a expliqué que la personnalité ressemblait à une grosse « pelure d'oignon » dont les rondelles seraient les désirs, aspirations, traits de caractères, aptitudes et talents.

En partant de ce constat, vous pouvez engager un premier travail consistant à formaliser avec des mots à vous, l'idée que vous vous faites de vos propres caractéristiques. La recherche de ces particularités devrait vous aider à établir les bases de votre singularité.

La conscience en soi est cette connaissance intuitive possible que chacun possède de son existence et de ce qui se passe en lui, de ses pensées et de ses actes. Elle s'élabore progressivement par différenciation avec le monde extérieur et se construit à partir de l'image que vous avez des conduites des membres de votre entourage à votre égard.

Voici quelques conseils pour vous aider dans cet exercice :

- ➜ Réfléchissez seul.
- ➜ Écrivez ensuite sur un papier les éléments intuitifs de connaissance de vous, tels qu'ils vous viennent à l'esprit.
- ➜ Laissez cette liste de côté pendant huit jours. Reprenez votre liste et relisez ce que vous avez noté.
- ➜ Interrogez-vous à nouveau. Notez les nouveaux éléments.

Pour approfondir cet exercice, reportez-vous à la page 117.

L'essentiel

POUR AVOIR CONFIANCE, IL CONVIENT D'ADOPTER LE BON ÉTAT D'ESPRIT. POUR CELA, IL FAUT DE LA MÉTHODE ET DE LA RIGUEUR POUR DEVENIR SON MEILLEUR ALLIÉ.

1 SACHEZ RELATIVISER

Faire la part des choses, pour être plus positif et se rapprocher de la réalité. Prendre de la distance afin de mieux anticiper et préparer les décisions adéquates.

2 DONNEZ-VOUS DE VÉRITABLES OBJECTIFS

Avoir des objectifs, c'est avoir de l'ambition. C'est prévoir le plan d'action le plus adapté, mobiliser sa concentration sur ses projets, mettre tous les atouts de son côté, capitaliser son savoir-faire, élaborer un planning, acquérir de nouveaux apprentissages…

3 OUVREZ-VOUS AUX AUTRES

Écouter, échanger avec les autres pour affirmer ses choix, réorienter ses décisions, adapter ses comportements. Avoir la confiance des autres pour se donner confiance.

4 NE BAISSEZ PAS LES BRAS DEVANT LES DIFFICULTÉS

Être pragmatique et avoir une vision positive afin d'éclairer les défis à relever. Se rappeler que les difficultés sont des stimulants dans tout challenge et donnent un moral de vainqueur.

5 SOYEZ EN ACCORD AVEC VOS PAROLES ET VOS ACTES PUIS CULTIVEZ VOTRE LIBRE ARBITRE

Se respecter pour devenir son meilleur allié et progresser sur le chemin de la confiance en soi.

Chapitre 2

Renforcer sa confiance en soi

Objectifs du chapitre

- ✗ Comprendre la genèse de la confiance en soi.
- ✗ Trouver des alliés pour améliorer sa confiance en soi.
- ✗ Mettre en place une saine confiance en soi.

Section 1

Remontez à la source de la confiance en soi

Les fondements de votre confiance en vous sont liés à la construction de votre moi qui commence dès l'enfance pour se prolonger jusqu'à l'adolescence. Vous savez que votre entourage a joué un rôle important dans cet apprentissage, mais lequel ? Penchez-vous sur cette question pour comprendre les différents éléments qui ont participé à votre propre construction.

1 Discernez les étapes de la construction de votre moi

Le moi est de l'ordre de l'intime, du caché, du profond qui s'exprime en partie à travers la confiance en soi. Autrement dit, la confiance en soi est la partie de votre moi exposée aux autres au quotidien. C'est l'extériorisation de vous-même face à autrui et à la réalité, face aux événements.

La construction de votre moi et votre confiance en vous étant intimement liées, si vous comprenez les étapes qui ont façonné votre moi, vous pourrez mieux gérer et renforcer votre confiance (voir encadré « Mémento » ci-contre).

Sachez que votre moi s'est élaboré en se confrontant au réel en suivant plusieurs étapes. Reprenez donc une à une ces étapes en vous efforçant de faire émerger vos souvenirs. Au besoin, faites appel à votre entourage.

✔ ***L'éclosion du moi*** est la première phase qui commence *in utero* pour s'achever autour de 2 ans. En effet, dans le ventre maternel, vous êtes déjà à l'écoute de votre entourage et pas seulement centré sur votre mère. De la naissance à 6 mois, votre identité se définit au travers de la relation avec votre mère qui satisfait tous vos besoins et désirs. Jusqu'à 18 mois, vous découvrez les limites de votre corps sans en avoir une image distincte. Enfin, vous utilisez petit à petit le « je » marquant ainsi la formation de votre moi.

✔ ***La constitution du moi*** se fait ensuite entre 2 et 6 ans. Vous apprenez à vous reconnaître, à utiliser régulièrement le « je » pour formuler caprices et refus. Vous entrez alors dans la période des « non » qui marque votre première affirmation. La deuxième étant le complexe d'Œdipe (voir chapitre 3). Une fois ces deux phases traversées, vous pouvez accéder à la différence et prendre le risque que les autres ne soient pas toujours en accord avec vos besoins et désirs. Dans le cas contraire, un garçon ne cesse de chercher une mère symbolique et la fille un père imaginaire.

Mémento

De l'intérêt de suivre les étapes de construction de son moi

Il est évident que vous ne pourrez retracer avec précision la construction de votre moi. Néanmoins, même s'il s'appuie sur des fragments de souvenirs, cet exercice vous amènera à prendre conscience que vous êtes le résultat de votre propre histoire. Comprendre cette élaboration, les étapes, les progrès enregistrés ainsi que les éventuels traumatismes doit vous aider à vous accepter. Cela vous aidera à prendre du recul.

Ainsi vous pourrez mieux aborder de nouvelles évolutions. Mieux vous connaître vous aidera à mieux faire face aux obstacles et à mieux saisir les opportunités pour continuer à vous construire.

✔ ***Le renforcement du moi*** constitue la dernière étape de 6 ans à l'âge adulte. Entre 6 et 12 ans, vous refusez de temps à autre d'être traité comme un enfant. Vous traversez une nouvelle phase dans l'affirmation de soi jusqu'à ce que vienne la puberté. Alors, vous cherchez à vous singulariser... Vous avez découvert la sexualité et mis la qualité des relations sociales personnelles dans vos priorités. Débattre des valeurs de vos parents et vous révolter contre certaines idées sont devenus des habitudes. Vous voulez toujours (et vous voulez encore) vivre votre vie.

À la lecture de ces éléments, retrouvez-vous certaines des étapes que vous avez traversées ? Parvenez-vous à comprendre pourquoi, en certaines situations, vous manquez de confiance ? Pour compléter cet exercice, vous pouvez vous intéresser aussi aux facteurs qui sont intervenus tout au long de la construction de votre moi.

❷ Tenez compte des facteurs jouant sur cette construction

Vous avez développé un fort rejet pour les études et un manque d'intérêt pour apprendre ? L'explication se trouve sûrement dans la phase d'achèvement du moi, c'est-à-dire dans la période comprise entre 3 et 6 ans qui correspond à l'achèvement de la naissance de la confiance en soi.

Pourquoi ? Car c'est au cours de cette phase que se forgent les attitudes de l'individu face aux savoirs, aux apprentissages et aux relations de pouvoir. Ensuite, à partir de 6 ans, les vraies bases de la confiance en soi sont en place.

Rappelez-vous :

- ✔ vos périodes d'apprentissage ont-elles été encouragées ou plutôt contrariées par un milieu peu favorable et contraignant (critique et/ou indifférence) ?
- ✔ vos premiers efforts de socialisation ont-ils été soutenus ou perturbés (isolement, problèmes au sein de la famille…) ?

Selon vos réponses, il vous faudra plus ou moins de force pour lutter contre vos propres craintes et peut-être même solliciter une aide extérieure pour surmonter les handicaps d'une moindre confiance en vous.

Une chose est sûre, quelle que soit la solution choisie, vous trouverez une issue. Tout le monde est capable de vaincre sa peur « de ne pas y arriver » ou « de ne pas être accepté par les autres ».

S'il est un conseil que vous devez retenir, le voici : la maîtrise de votre propre développement personnel ne sera possible que si vous vous connaissez mieux. Si vous voulez vraiment vous appartenir, vous accepter et mieux vous situer, vous devez savoir d'où vous venez. Vous devez être capable d'expliquer ce que vous ressentez en faisant référence à ce que vous avez vécu.

Pour aller plus loin

Ne pas confondre confiance et maturité

Sachez que la confiance n'est pas une caractéristique liée à l'âge adulte. Ce n'est pas un résultat lié à l'expérience et à la maturité, mais le résultat d'une construction lente qui démarre très tôt dans l'enfance et qui se solidifie au contact de votre environnement social, notamment entre 3 et 6 ans, lorsque vous vous êtes ouvert aux autres à la maternelle. Cette période est le premier moment intense de votre socialisation. Plus vous avez confiance, plus vous vous confrontez aux autres et mieux vous construisez votre moi.

Et vous, où en êtes-vous ?

Jouez au jeu des identifications

Prendre le temps du recul et de la réflexion n'est pas un luxe : c'est la clé pour aller de l'avant et poursuivre votre expérience de vie. Par exemple, en revenant sur des moments de vie de votre petite enfance, vous pourrez comprendre pourquoi vous avez le vertige ou peur de l'eau. Comprendre est un premier travail avant d'entreprendre une autre étape : vivre avec ou résoudre progressivement.

1. En cherchant dans vos souvenirs, repérez :

➜ les personnes aimées, enviées, admirées auxquelles vous avez, à certains moments, cherché à ressembler ;

➜ les personnes rejetées, craintes, haïes dont vous avez voulu prendre le contre-pied ;

➜ les circonstances (brèves ou durables) au cours desquelles votre processus d'identification a été possible et à l'œuvre.

2. Évaluez ensuite la réussite ou l'échec de ces identifications. Quels profits, quels dégâts ont pu entraîner ces identifications ?

3. Faites la part des premières identifications (enfance, adolescence) et des restes du processus à l'âge adulte. En effet, vous pouvez continuer à adopter, simuler, ressembler à des mentors, des idoles, des modèles dont vous admirez le talent, la force, la réussite… Qu'en est-il de cette influence ? Où vous mène-t-elle ? Quel contrôle en avez-vous ?

Pour ce faire, posez-vous les questions suivantes :

➜ À qui ai-je cherché à ressembler ?

➜ Qui a compté pour moi ?

➜ Qui compte encore pour moi ?

➜ De qui ai-je voulu me différencier ?

➜ Qui a « déteint » sur moi ?

➜ Qui est mon anti-modèle ?

Pour approfondir cet exercice, reportez-vous à la page 117.

Section 2

Favorisez la confiance en vous

Étant enfant, votre entourage vous a encouragé, vous a donné sa confiance. Aujourd'hui à l'âge adulte, comment pouvez-vous renforcer votre confiance ? Il est tentant de rendre l'entourage responsable de votre manque de confiance en vous. Vous auriez ainsi perdu confiance à cause d'Untel ou d'Untel lors de situations particulières. Pourtant, rappelez-vous que vous êtes l'acteur principal du changement pour favoriser votre confiance.

❶ Soyez motivé pour changer

Vous vous réfugiez derrière de mauvaises habitudes et doutez des changements possibles en vous protégeant ? Or, en prenant le minimum de risques, en limitant vos interventions en public, vous restez en sécurité, en retrait. Si vous n'êtes pas satisfait de la situation, si vous restez anxieux et admettez toujours manquer de confiance en vous, alors motivez-vous !

Prendre conscience du problème, l'avoir cerné et compris, c'est déjà avoir choisi une démarche de changement. Or, changer, c'est vous donner une chance de baisser le niveau de votre anxiété et d'être tout simplement mieux dans votre peau.

Pour entretenir votre motivation, vous pouvez faire appel à la célèbre méthode Coué. La raison de son succès ? L'autosuggestion permet de renforcer vos idées positives : elle est donc reconnue comme un allié de la confiance en soi (voir l'encadré « Conseil pratique » ci-contre).

❷ Acceptez la réalité : la confiance en soi a ses limites

Par la motivation, vous avez adopté une attitude positive mais celle-ci ne doit pas vous empêcher de rester proche de la réalité.

Penser que la notion de confiance n'est pas semblable en toutes situations, c'est évacuer l'idée que vous pourriez **manquer totalement de confiance en vous** ou que vous pourriez **avoir totalement confiance en vous**.

Votre confiance en vous n'est pas égale en toutes circonstances et c'est bien normal ! Vous pouvez par exemple avoir confiance sur les pistes de ski mais craindre une élocution de 5 minutes en public. D'autres avouent qu'ils n'aiment pas nager quand ils n'ont pas pied.

Vous n'avez pas confiance dans toutes les situations, tout le temps et totalement. Pourquoi ? Parce que votre confiance en vous s'est construite à travers diverses situations en profitant d'expériences et de mises à l'épreuve réussies et qu'elle n'a jamais fini de se construire, elle est en perpétuelle évolution et en interaction avec l'environnement. Même si la confiance en soi ne se mesure pas avec des outils, il existe bel et bien deux types de réalité, soit :

✔ ***vous avez un bon capital de confiance en vous.*** Votre moi est fort, solide. Cela ne vous empêche pas, néanmoins, de reconnaître que vous n'êtes pas tout le temps à l'aise. Votre confiance en vous a quelques hauts et bas : elle n'est pas uniforme. Vous manquez de confiance dans quelques occasions ou domaines précis bien identifiés ;

✔ ***vous avez une confiance en vous plutôt fragile***. En général, cet état est lié à un moi plus vulnérable ou plus tourmenté. Cependant,

Conseil pratique

Pratiquer la méthode Coué au quotidien

Vous connaissez certainement cette méthode d'autosuggestion, simple, pratique et efficace, mais savez-vous comment l'utiliser exactement au jour le jour ? Pour vous aider, voici quelques rappels :

➜ fixez-vous des objectifs précis et accessibles pour parvenir aux résultats souhaités ;

➜ pratiquez l'autosuggestion dans la détente et le lâcher-prise (voir p. 59), au cours d'une séance de relaxation par exemple ;

➜ répétez à haute voix dix fois de suite et trois fois par jour, si vous respectez scrupuleusement les propositions d'Émile Coué, la phrase générale suivante : « Tous les jours et à tous points de vue, je vais de mieux en mieux » ou des phrases spécifiques comme : « Ma confiance s'améliore de jour en jour », « C'est facile et je peux l'emporter », etc. ;

➜ utilisez l'autosuggestion de manière préventive tout au long de votre vie et non en « traitement » pour répondre dans l'urgence à un problème précis.

vous reconnaissez être à l'aise et donc faire preuve d'une bonne confiance en vous dans quelques occasions ou domaines précis. Votre confiance en vous s'est repliée dans ces domaines et vous ne pouvez par conséquent la mobiliser.

Déculpabilisez-vous et admettez une fois pour toutes que vous ne pourrez pas être à l'aise dans tous les domaines et tout le temps.

Pour contrer cette gêne, sachez multiplier et varier les circonstances, les opportunités et les expériences pour élargir le champ potentiel de votre confiance en vous. Cela sera également l'occasion de fortifier votre moi.

Témoignage

Une confiance circonscrite

Hugo, fils d'un ingénieur autodidacte se révéla très tôt être très habile pour construire en mécano divers objets de plus en plus complexes. Il bénéficiait du soutien de son père qui s'amusait lui-même en construisant des objets et des machines en mécano, le soir, créant ainsi inconsciemment des situations d'apprentissage pour son fils. Sur ce terrain, leur collaboration et leur coopération étaient totales, l'enfant apprenait tout seul des choses complexes, sans crainte, sans pression, avec admiration. Adulte, Hugo est devenu un maquettiste de talent doué dans ce domaine d'une confiance en lui remarquable, alors que c'est loin d'être le cas dans sa vie en général.

Section 3

Trouvez vos alliés

Face aux autres, votre confiance en vous est votre capacité à vous extérioriser. Trois alliés « objectifs » de la confiance en soi vont vous aider sur ce chemin et méritent toute votre attention : le désir, l'accoutumance et l'ambiance. Les développer vous permettra de renforcer votre capital confiance mais aussi de le mobiliser au quotidien.

❶ Exprimez vos désirs

Exprimer un désir, c'est dire clairement ce que vous voulez, c'est oser quelque chose qui est vraiment vous. Faire des choses que vous aimez, faire ce dont vous avez envie, sans réserve ni arrière-pensée, écouter et donner suite à vos envies et émotions, sont autant d'opportunités de vous faire plaisir. En alimentant votre moi de cette manière, vous contribuez à créer en vous une forme de paix. Votre moi « satisfait » a toute chance d'entretenir ainsi votre confiance en vous.

Quand le désir est rassasié, la confiance en soi s'en trouve renouvelée. En ce sens, suivre vos désirs, c'est entretenir votre confiance en vous.

Prenez donc le temps de les identifier en :

- ✔ formulant vos envies par écrit ;
- ✔ distingant ensuite les envies passagères de vos vraies aspirations ;
- ✔ vous laissant guider par ce que vous aimez vraiment ;
- ✔ validant vos désirs à l'abri de l'influence des autres. Vous pouvez recueillir leur avis mais vous n'êtes pas obligé de dépendre d'eux !

Puis entretenez vos désirs :

- ✔ restez curieux : tout ce qui vous intéresse peut alimenter votre réflexion, votre capacité à rebondir et votre créativité tant dans votre vie privée que professionnelle ;
- ✔ recherchez la diversité pour être plus ouvert d'esprit et alimenter votre curiosité. Sortez, lisez la presse régulièrement, prenez le

> **Conseil pratique**
>
> **Passer du rêve à la réalité**
>
> **Si vous coordonnez vos désirs et vos objectifs, vous vous donnerez des chances supplémentaires. Vous serez plus efficace pour choisir le plan d'action adapté, vous n'aurez pas peur de changer de direction en cours de route et vous veillerez plus facilement au respect des délais fixés.**
>
> **Par exemple, si vous avez le désir de progresser dans une langue étrangère mais que rien ne se passe vraiment, il vous faut effectivement passer du désir aux objectifs pour vous tracer un plan d'action.**
>
> **Validez d'abord pourquoi vous voulez acquérir cette langue étrangère.**
>
> **→ Fixez-vous une échéance et rédigez votre plan d'action.**
>
> **→ Estimez le budget de temps que vous y consacrez et planifiez vos actions : suivre des cours, programmer plusieurs séjours, fréquenter des étrangers, lire des journaux, suivre des émissions à la radio en voiture ou à la télévision.**
>
> **Si vous n'y arrivez pas, interrogez-vous sur votre motivation : en aviez-vous vraiment envie ?**

temps de mener des discussions enrichissantes auprès de personnes différentes ;

- ✔ engagez-vous dans l'action en participant à des stages, des formations, en concrétisant des projets personnels que vous remettez toujours au lendemain. Cela entretiendra votre curiosité, votre estime de vous-même et donc votre confiance ;
- ✔ prenez des risques en acceptant ou proposant des activités que vous craignez, comme prendre la parole en public ou animer des réunions.

Prendre conscience de vos désirs est une bonne chose, mais cela ne suffit pas. Osez maintenant les réaliser !

❷ Tablez sur l'expérience

Expérience et répétition créent souvent les conditions d'un sentiment de progression et de confort. Pensez aux musiciens, aux sportifs, aux acteurs : la répétition pour eux ne produit-elle pas de l'aisance et du confort ?

Alors, acceptez de vous investir et de répéter des gestes pour atteindre un niveau de compétence, de maîtrise et d'enrichissement capable de nourrir votre confiance en vous. Par exemple :

- ✔ animez des débats ou tables rondes ;
- ✔ jouez les formateurs ;

✔ dites oui à une délégation ;
✔ osez vous lancer dans des projets innovants…

Plus vous engrangerez de l'expérience, plus vous serez exigeant et donc à l'aise, satisfait ou rassuré. Ceci dit, n'oubliez pas qu'être à l'aise n'engendre pas nécessairement le fait d'être à l'aise en soi.

L'expérience vous sécurise dans le « connu » et vous renforce dans les situations que vous maîtrisez. Pensez au boulanger sûr de son savoir-faire et dépourvu de confiance lorsqu'il s'agit de négocier un arrangement avec un banquier.

Aussi, même si l'habitude est une alliée, sachez que la vraie confiance en soi se teste face au singulier et au risque. Mais attention, ne sautez pas dans l'inconnu sans sécurité ! Soyez attentif à l'ambiance qui peut ou non être favorable à la prise de risque.

Conseil pratique

Tirer parti de l'expérience

Mettre en valeur son vécu, c'est :

➜ accepter d'être patient ;

➜ goûter le plaisir de recommencer, partez du principe que répéter permet de mieux faire ;

➜ répéter des actions, des gestes, des rituels va vous permettre de retrouver des sensations agréables ;

➜ retrouver pour chaque situation à laquelle vous pensez les éléments qui vous donnent des indications : vous étiez sûr de vous, vous vous sentiez fort, maître de votre expérience… ;

➜ convoquer ces sensations agréables quand vous reproduisez une action. Cela renforcera votre sensation de confort et d'aisance si vous êtes quelque peu envahi par le doute sur vos capacités à surmonter l'épreuve.

❸ Favorisez les ambiances bénéfiques

Tout indique qu'une certaine qualité d'ambiance peut contribuer à stimuler en surface la confiance en soi. Plus largement, le milieu, avec ses règles, ses usages, ses enjeux, ses appels, ses pressions, ce qui constitue ce que vous appelez le « climat » mettent le moi sous tension selon que les relations sont faciles ou orageuses.

Tous ces agents extérieurs agissent sur la confiance en soi : ils sont soit engrais, soit poison. Le milieu bonifie ou écorche le moi mais bien évidemment, ces interactions ne le changent pas fondamentalement. Prenez conscience des facteurs favorisant une ambiance sereine et

Conseil pratique

Les facteurs favorisant la confiance	Les facteurs plutôt défavorables
■ Recherchez la complicité ■ Recherchez la camaraderie ■ Entretenez la solidarité ■ Cultivez l'estime des autres ■ Autorisez le droit à l'erreur ■ Votez pour la transparence des règles ■ Soyez sincère ■ Veillez à la sécurité matérielle et physique	■ Évitez le mépris ■ Mesurez vos doutes ■ Bannissez l'intolérance ■ Contournez l'ingratitude ■ Limitez les secrets ■ Protégez-vous de l'isolement ■ Ne soyez pas toujours en retrait ■ Ne laissez pas s'installer l'indifférence
↓	↓
■ Meilleure ambiance ■ Moi solide ■ Amélioration de la confiance en soi	■ Mauvaise ambiance ■ Dégradation de l'image de soi ■ Baisse de la réserve de confiance en soi

adaptez votre comportement si nécessaire. Et si vous évoluez dans une ambiance qui n'est pas bonne, invitez également votre entourage à changer d'attitude.

Si l'effet de l'ambiance peut rester limité auprès d'une personne au moi très solide, vous pensez à raison que ce sera moins vrai pour un moi tout juste stable. En effet, si vous manquez d'aisance ne saisiriez-vous pas plus d'opportunité dans une bonne ambiance, que dans un mauvais climat où vous vous rétracteriez ? En ce sens, l'ambiance est une alliée capable de réactualiser la confiance en soi et de l'inscrire petit à petit dans le temps.

Témoignage

Une bonne ambiance comme solide routier

Pour confirmer l'influence du désir, de l'accoutumance et de l'ambiance, voici l'exemple de ce jeune homme à l'aise dans le sport et si mal à l'aise dans son travail.

Passionné de football, Arthur joue dans un club. Il est assidu à tous les entraînements : il tente des gestes difficiles, prend plaisir à jouer, progresse. Bon joueur et camarade, il aide les autres, les encourage. De milieu très défavorisé, sa scolarité a été très difficile. Professionnellement, il n'arrive pas à trouver sa voie, accumule les « petits boulots », se heurte aux patrons, se décourage ou s'obstine sans succès : les tâches qui lui sont proposées ne lui plaisent pas. Tout change le jour où il entre dans une petite entreprise dont le patron, dirigeant sportif lui-même, lui offre une « ambiance » qui lui convient. Remis en selle, le travail l'intéresse : il retrouve espoir, se sent plus à l'aise, semble apaisé. Il semble plus confiant pour parler, décider et oser dans son travail. Dès lors, ses comportements sur un terrain et dans l'entreprise sont moins différents. Il avoue avoir retrouvé un peu de confiance en lui.

Section 4

Mettez en place une confiance en vous saine et durable

Vous êtes déjà sur le bon chemin, vous avez compris les origines de la confiance en soi. Vous vous appuyez sur vos alliés que sont vos désirs, l'accoutumance, l'ambiance et avez admis que vous n'aurez pas le même degré de confiance selon les situations. Maintenant, vous tenez à ce que cette confiance en vous soit la plus saine possible tout simplement pour qu'elle soit la plus durable possible.

1 Sachez en quoi consiste une saine confiance en soi

Qu'est-ce qu'une saine confiance en soi ? C'est comprendre comment fonctionne un adulte qui a confiance en lui et constater les manifestations de cette confiance une fois qu'elle est mise en place.

Un adulte qui a confiance en lui sait dire : « Là je sais faire, là je ne sais pas faire et dans ce cas je vais trouver d'autres solutions ». Une personne qui a confiance en elle est une personne dont le « moi » est solide et peut donc assumer les changements.

Pour adopter ce comportement, il vous faut respecter quelques étapes :

- ✔ Réfléchissez à vos limites, vos manques et vos fragilités : en prendre conscience, c'est déjà les transformer positivement.
- ✔ Faites le point sur vos atouts et vos talents. Cette simple étape vous donnera une image positive de vous-même, elle renforcera votre « moi ».
- ✔ Consacrez toute votre énergie à mobiliser les certitudes qui peuvent vous guider.

Rappelez-vous que même un moi défini comme solide n'est pas uniforme. Il ressemble à une mosaïque qui intègre tout autant vos doutes que vos certitudes.

Comprenez alors qu'en assumant vos limites, vous vous acceptez mieux et êtes déjà prêt à les dépasser. C'est un levier fort pour la confiance en soi. C'est une façon de remettre en selle votre moi si la vie vous avait incité à faire trop tôt la sélection des situations d'échec et de réussite, vous amenant par la suite à vous déclarer bon ou mauvais dans certains domaines.

Pour être ouvert et disponible aux changements, il est nécessaire d'assumer le présent, c'est-à-dire de reconnaître, accepter et dépasser vos limites. Dans ces conditions, vous pourrez avec confiance et vivre des épreuves initiatiques sans avoir peur.

2 Sécurisez votre confiance

La personne qui a confiance en elle ressent une certaine tranquillité. Ce sentiment est rassurant. Être tranquille, c'est avoir fait reculer l'inquiétude et le doute, qui, lorsqu'il prend une place trop importante dans votre vie, perturbe et inhibe vos actions.

Comment devenir plus serein ? En réparant certains dégâts et blessures (voir encadré « Conseil pratique » ci-contre).

Une fois la tranquillité acquise, vous serez moins vulnérable face aux processus d'influence ou d'intimidation que peuvent déployer vos interlocuteurs. La tranquillité permet d'apaiser vos relations avec autrui. Pourquoi ? Parce qu'elle débarrasse votre esprit de toutes les pensées néfastes qui l'encombraient et faisaient écran à vos idées neuves. De plus, vous êtes plus disposé à porter

Conseil pratique

Devenir tranquille et serein

La conscience anxieuse a toujours besoin de réassurances, d'où une tendance dans les comportements à rechercher la survalorisation. Pour vous en défaire, appliquez ces quelques conseils.

→ Prenez-vous en main : vous seul pouvez créer cette tranquillité.

→ Considérez que la tranquillité est un véritable objectif.

→ Ne commencez pas mille choses si vous n'allez en terminer aucune.

→ Ne regrettez pas des décisions prises depuis longtemps : vous devez assumer vos choix.

→ Ne vous épuisez pas à toujours vouloir montrer ou prouver ce que vous avez fait.

→ Soyez conscient de vos limites et respectez-les.

→ Exercez votre volonté pour ne pas subir celle des autres.

→ Acceptez-vous enfin tel que vous êtes, c'est-à-dire imparfait.

attention à autrui, et à l'écouter. C'est un atout pour éviter tensions et discordes dans les échanges avec autrui.

Vous êtes moins sensible aux dérives face à des situations délicates où vous êtes confronté aux excès et aux éclats de vos interlocuteurs. Vous restez serein, moins enclin à l'euphorie ou à la déprime : en un mot, vous aurez appris à relativiser. Vous saurez dégager dans tout événement, les aspects positifs pour vous et serez donc plus à même d'accepter les oppositions et les contradictions.

Pour aller plus loin

La tranquilité vue par les philosophes

Les philosophes avaient perçu tous les avantages de la tranquillité, qu'ils percevaient comme un bien précieux, comme une sorte de paix enrichissante.

➜ « Car si nous sommes, devant la vie, sans savoir ni réflexion, comme des malades incapables de supporter ni le froid, ni la chaleur, nous serons exaltés par la réussite, déprimés par l'adversité, mais nous aurons l'âme troublée par les deux, ou plutôt par nous-mêmes, et cela ne sera pas moins vrai dans les circonstances dites favorables ». Plutarque

➜ « Ainsi pour parvenir à la sérénité, il sera bon, face aux événements contraires, de ne pas perdre de vue ce qu'ils peuvent comporter pour nous de plaisant et d'agréable : tempérons le mauvais par le bon afin qu'en tout le bon l'emporte [...] Oui, c'est une folie de se lamenter sur ce qu'on a perdu au lieu de se réjouir de ce qui nous reste ». Plutarque

➜ « Il ne saurait y avoir de bien sans quelque mal : l'un doit se mélanger à l'autre pour que tout aille ». Euripide

Et vous, où en êtes-vous ?

Avez-vous déjà quelques indicateurs de la mise en place de votre confiance en vous ?

Avez-vous suivi les conseils pour favoriser la confiance en vous ? Pour le savoir, répondez par « oui » ou par « non » aux questions suivantes.

Ce que vous faites		Oui	Non
1	Vous tenez compte de vos limites.		
2	Vous connaissez vos manques.		
3	Vous avez cerné vos fragilités.		
4	Vous avez des certitudes en toutes circonstances.		
5	Vous avez fait le point sur vos atouts.		
6	Vos désirs guident vos actions.		
7	Vous visez 100 % de confiance en vous.		
8	Vous détestez répéter les mêmes actions.		
9	Vous préférez évoluer dans une bonne ambiance.		
10	Vous reconnaissez que vous avez des talents.		
11	Vous n'êtes pas parfait mais cela ne vous chagrine pas.		

Pour connaître le résultat de votre autoévaluation, reportez-vous à la page 117.

L'essentiel

POUR RENFORCER VOTRE CONFIANCE, IL FAUT COMPRENDRE SON ORIGINE AFIN DE FAVORISER LE CHANGEMENT ET S'APPUYER SUR DES ALLIÉS.

1 IDENTIFIEZ LES RACINES DE VOTRE CONFIANCE

Faire un point sur soi en sachant compter sur soi-même et en décrivant les conditions de sa réalité actuelle.

2 SOYEZ RÉALISTE ET MODESTE

Savoir qu'être sur le chemin de la confiance n'est pas viser un objectif de 100 % confiance. C'est accepter ses faiblesses pour construire la confiance en soi.

3 APPUYEZ-VOUS SUR VOS ALLIÉS

Prendre conscience de ses désirs, mais aussi avoir du plaisir à se sentir à l'aise grâce aux expériences acquises, rechercher une ambiance favorable à travers la complicité, l'estime des autres et le respect des règles de convivialité.

4 RECHERCHEZ UNE SAINE CONFIANCE EN VOUS

Rester ouvert aux changements, aux opportunités en assumant ses propres limites et en les acceptant.

5 SÉCURISEZ VOTRE CONFIANCE

Éloigner le doute et l'inquiétude qui inhibent.

❑ *Notes personnelles*

Chapitre 3

Apprendre à se connaître

Objectifs du chapitre

- ✗ S'appuyer sur un narcissisme raisonnable.
- ✗ Tirer parti de ses faiblesses.
- ✗ Se libérer des modèles imposés.

Section 1

Sachez si vous êtes narcissique

Il est vrai que la confiance en soi n'est pas clairement définie en psychanalyse. Néanmoins, il est possible de la rapprocher de quelques concepts de Freud et autres courants de pensée qui l'associent au narcissisme. L'admiration de soi n'est pas à bannir, au contraire. Pour avoir confiance en soi, il faut savoir exprimer son bon narcissisme, à condition bien sûr de ne pas en abuser. Mais comment donc est votre narcissisme ?

1 Faites un point sur votre narcissisme

En quoi le narcissisme est-il lié à la confiance en soi ? En fait, il reflète la manière dont vous vous percevez. Selon votre niveau de narcissisme, votre aisance au quotidien sera plus ou moins grande.

✔ Vous n'êtes pas complètement sorti du narcissisme et si vous ne vous êtes pas tourné vers un « autre objet » que vous-même, vous vivez replié sur vous-même ; dans l'autre, vous recherchez donc un peu de vous-même.

✔ Au contraire, si vous avez dépassé toutes les phases du narcissisme, vous avez le sentiment de vous-même, vous avez conscience de vos besoins et de vos attentes.

Savoir ce qu'est le narcissisme est une chose. Il vous faut maintenant équilibrer le vôtre.

Mémento

Qu'est-ce que le narcissisme ?

Le terme, utilisé pour la première fois en 1910 par Freud dans une note complétant les *Trois essais sur la théorie de la sexualité*, devient très vite une étape importante – « inévitable » – de l'évolution de la libido. Il rappelle la légende grecque selon laquelle Narcisse dédaignait l'amour des nymphes (et notamment d'Écho) pour se consacrer au culte de sa propre image que lui renvoyait le miroir d'un étang.

❷ Revenez aux origines du bon narcissisme…

Le développement d'un narcissisme raisonnable ne va pas de soi. Avoir reçu un amour maternel inconditionnel fournit le meilleur contexte possible à la confiance en soi : cela apporte un sentiment de sécurité à l'enfant.

Au cours de son développement, l'enfant croit à la toute-puissance de ses pensées. L'aider à avoir les bases d'un bon narcissisme, c'est donc lui faire comprendre doucement la « réalité ». Le rôle des parents est primordial, c'est vers eux, et notamment la mère, que l'enfant va se tourner au fil de ses découvertes car il se sentira fragile et démuni (voir encadré « Pour aller plus loin » ci-dessous).

Accompagner l'enfant, c'est :

✔ ***1re règle :*** poser sur lui un regard positif dès que possible ;

✔ ***2e règle :*** éviter d'avoir un rapport trop étroit à la réalité ;

✔ ***3e règle :*** maintenir la confiance avec l'enfant quoi qu'il arrive : c'est le rôle de l'entourage.

La confiance en soi prend sa source dans le regard de l'autre, avec les parents et l'entourage proche. Votre confiance en vous sera d'autant plus solide que le poids du jugement extérieur (critiques, remarques, reproches, etc.) sera inférieur à votre regard « intérieur », notamment si ce que vous pensez de vous reste dominant.

Pour aller plus loin

Construire un bon narcissisme

Voici d'autres comportements qui favorisent la mise en place d'un bon narcissisme dès l'enfance :

➜ laisser l'enfant colmater son angoisse par le biais d'un mouchoir, de sa peluche préférée ;

➜ ne pas s'affoler devant les représentations symboliques de l'enfant : tout objet en devient un autre ; un bout de bois passe pour une voiture… ;

➜ laisser l'enfant tâtonner, chercher des issues à ses problèmes ;

➜ ne pas se moquer de lui ni de ses productions, travaux manuels ou autres dessins. Ils ne sont peut-être pas splendides mais ce sont ceux d'un enfant de son âge !

❸ …sans tomber dans ses travers

Pour s'appuyer sur un narcissisme raisonnable, il ne faut pas tomber dans le travers de l'égocentrisme. En étant votre seule source d'observation, vous n'améliorerez pas votre confiance en vous.

L'affection reçue pendant votre enfance vous a apporté l'énergie pour nourrir votre image. Cette réserve vous permet *a priori* d'agir sans crainte excessive de l'échec et du jugement. Votre narcissisme est votre force intérieure. Pour remodeler votre confiance :

- ✔ appuyez-vous sur les jugements plutôt positifs donnés sur vous par les autres ;
- ✔ veillez à ne pas donner trop d'importance aux jugements des autres ;
- ✔ n'oubliez pas que pour cultiver un narcissisme raisonnable, vous devez vous appuyer sur votre jugement, vous faire vos propres idées.

Vous êtes un peu trop narcissique ? Faites appel à votre capacité de jugement car celle-ci vous libère d'un trop-plein de narcissisme en faisant appel aux opinions des autres. Pour bien juger vos actions, vous avez besoin de rassembler un certain nombre d'arguments qui vous éloigneront de vous : ouvrez votre esprit.

Mémento

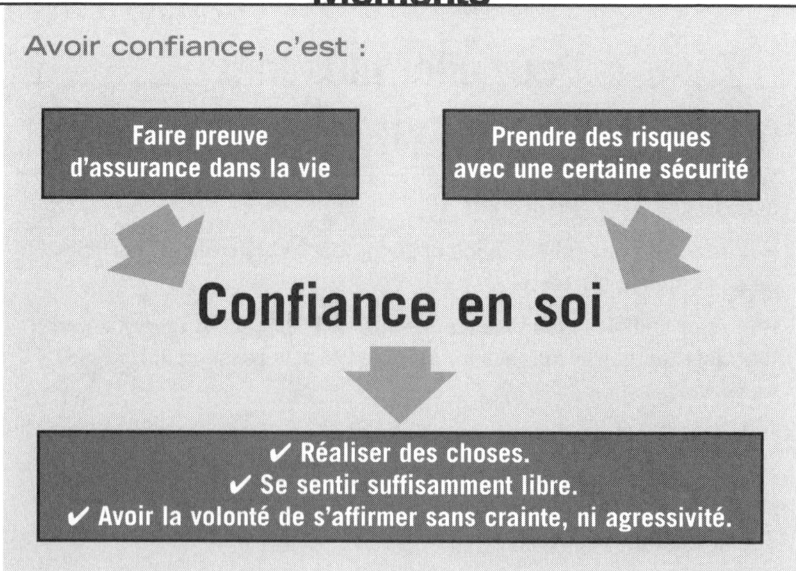

Et vous, où en êtes-vous ?

Analysez une petite histoire de non-confiance

Lisez le texte ci-dessous avant de répondre aux questions suivantes.

1) Quels liens identifiez-vous entre construction du moi, confiance en soi et rapport aux parents ? Quels sont les facteurs explicatifs ?
2) Comment auriez-vous pu aider Julien ? Pourquoi Julien s'en est-il sorti ?
3) À quoi Julien a-t-il dû faire face ?
4) Qu'est-ce qui pouvait le faire échouer ou s'en sortir ?

Le père de Julien était métallurgiste dans un chantier naval au Havre. Peu instruit, il restera simple ouvrier sableur, un métier ingrat et dur qui lui vaudra d'attraper une maladie pulmonaire à caractère professionnel du type silicose.

Militant syndical convaincu, il participe à toutes les grèves entre 1950 et 1970. Il inculque à sa famille les valeurs de camaraderie (renforcées durant une captivité en Allemagne), de respect des autres, du travail et de l'argent durement gagné. Julien y est particulièrement sensible. Le père de Julien, effrayé par les responsabilités, inhibé devant ses chefs, refusera toute maigre responsabilité. Comme honteux et déçu par son échec, il fera partager à Julien son mépris pour la réussite sociale individuelle (« ces ingénieurs en blouse blanche qui ne savent rien et qui commandent »). Julien, dirigé vers un lycée technique (« là où on fait de l'atelier pas de la philo ») traverse les études avec un certain succès mais tourne le dos aux écoles d'ingénieurs, se refusant inconsciemment à « trahir » son père. Il choisit des études supérieures littéraires, par défi, prend la revanche de son père « dans la rue » en mai 1968, et se dirige vers l'enseignement pour former les autres. Terriblement ambitieux, il restera longtemps en retrait, sans aller vers des responsabilités, comme à nouveau pour ne pas trahir son père, lequel aspire pourtant au succès de son fils. Le succès viendra pourtant pour Julien dans l'accomplissement des valeurs parentales d'amour des autres, du travail, du partage, du mérite, et c'est l'enseignement, l'éducation et la formation qui constitueront le seul champ possible d'expression en harmonie avec la problématique parentale d'origine.

Pour connaître le résultat de votre autoévaluation, reportez-vous à la page 118.

Section 2

Tirez parti de vos faiblesses

Le secret de la réussite tient à peu de chose : savoir ce que vous voulez mais également savoir ce que vous pouvez. Sachez qu'avoir ce type de comportement n'est pas orgueilleux, c'est être en phase avec vos possibilités. Aussi identifiez vos forces et vos faiblesses pour vous accepter comme vous êtes.

❶ Faites le point sur vous

Conseil pratique

Identifier ses points faibles

L'exercice n'est pas chose aisée ! Cela demande un certain recul qui prend parfois du temps. Mais songez plutôt aux bénéfices que vous allez en tirer et :

➜ dressez seul une première liste des points faibles que vous vous connaissez ;

➜ faites appel à votre entourage en leur demandant individuellement ce qu'ils pensent de vous. Encouragez-les à parler sincèrement sans craindre de vous blesser et en illustrant leur description d'exemples et situations concrètes ;

➜ comparez ensuite les deux listes obtenues avant de faire un point à l'aide du test de la page 52.

En choisissant des objectifs qui vous conviennent, vous diminuerez votre angoisse par rapport à un hypothétique échec car vous connaîtrez les domaines dans lesquels vous avez des facilités. Avoir confiance en soi c'est s'accepter et surtout être son meilleur allié. **C'est entretenir une certaine complicité avec ses points faibles** (voir encadré « Conseil pratique » ci-contre).

Ne pas avoir conscience de vos défauts, c'est vous nourrir d'illusions et vous tromper deux fois :

✔ la première fois, inconsciemment, vous vous retrouvez dans des situations que vous n'aimez pas, des actions que vous ne maîtrisez pas ;

✔ vous êtes trompé une deuxième fois car vous le vivez mal, vous êtes noyé sous les difficultés, vous vous en voulez d'avoir fait ce choix et comme vous n'avez pas les meilleurs atouts, parfois, vous échouez.

Avoir conscience de ses défauts, ce n'est pas refuser toute nouveauté, ne rechercher que le confort des situations. En avoir conscience, c'est par exemple, si vous avez peur de vous exprimer en public, limiter votre apparition à une introduction de cinq minutes pendant que telle autre personne animera le débat.

❷ Acceptez-vous tel que vous êtes

Avec vos qualités et vos défauts. La confiance en vous passe par une réappropriation de votre libre arbitre : il faut du discernement pour juger de ce qui est possible et de ce qui ne l'est pas.

C'est cette expérience-là qu'il est bon de vivre au quotidien, sans culpabilité, donc en acceptant vos manques, vos zones d'erreur. Cela renforce votre estime de soi. **Mais, ne l'oubliez pas, il n'y a estime de soi que s'il y a acceptation de soi**.

Faire preuve de confiance en vous se forge dans l'accoutumance : celle du rapport à soi à l'abri de l'influence des autres. Pour cela, exercez-vous à prendre des décisions de manière autonome. Car, vous accepter, c'est également être ce que vous voulez, en exprimant vos idées, vos émotions et en reconnaissant vos actes. C'est reconnaître votre comportement et faire avec. Cela ne signifie pas, si vous êtes émotif par exemple, que vous laissez vos sensations vous diriger. C'est l'accepter, pour accéder à une certaine tranquillité.

Mémento

La confiance pour garder son libre arbitre

Si vous avez confiance en vous, vous êtes en mesure d'échapper aux aides extérieures néfastes telles que les gourous ou des sectes qui veulent à tout prix vous « prendre en charge » en vous incitant à penser positivement sous contrôle. En fait, toute aide extérieure trop envahissante interdit le travail subtil du psychisme entre réalité externe et réalité interne.

Pour ne pas répéter vos erreurs, reconnaissez-les : cela vous incite à regarder la réalité telle qu'elle est comprise par les autres. Acceptez le fait que vous les avez commises, puis tirez-en un enseignement.

Sachez qu'il est difficile de tirer une leçon d'une erreur que vous n'assumez pas. Accepter ne signifie nullement aimer, apprécier ou détourner les yeux de ses faiblesses : il s'agit plutôt de composer avec. À l'inverse, le rejet de la réalité bloquera votre estime de vous et vous empêchera de construire votre confiance en vous.

Et vous, où en êtes-vous ?

Savez-vous quels sont vos qualités et vos défauts ?

Vous avez comme tout le monde des qualités, mais aussi des défauts. L'objectif est de les reconnaître et de les accepter pour les faire grandir ou, au contraire, les faire taire. Quels sont les vôtres ? N'avez-vous jamais pris le temps de les définir ? Prenez donc quelques minutes pour les (re)découvrir. Cela vous aidera dans votre démarche de développement de votre confiance en vous.

Faites le point sur vos qualités		Faites le point sur vos défauts	
Vous avez des qualités alors, prenez le temps de les reconnaître. En vous concentrant dessus, vous améliorerez l'image que vous avez de vous-même. Vous nourrirez positivement votre confiance en vous et vous lui permettrez de se développer. Pour ce faire :		Vous avez aussi des défauts qui vous empoisonnent la vie : dans certaines situations, ils vous bloquent. Tout le monde n'a pas les mêmes et donc quels sont les vôtres ? Sachez que votre regard sur chacun de ces défauts correspond à votre propre perception. Les autres n'ont peut-être pas conscience de ces défauts chez vous...	
1	Listez les moments et les expériences dont vous êtes fier.	1	Listez les moments et les expériences dont vous n'êtes pas fier.
2	Souvenez-vous de toutes vos réussites ; quelles pouvaient en être les raisons ?	2	Souvenez-vous de tous vos échecs. Quelles pouvaient en être les raisons ?
3	Remémorez-vous les situations qui vous ont paru faciles, où vos efforts étaient minimes et cherchez à comprendre pourquoi.	3	Remémorez-vous les situations qui vous ont paru difficiles, les efforts qui vous ont coûté... Cherchez à les comprendre.
4	Retrouvez les actions ou situations où vous avez évolué avec aisance, avec plaisir.	4	Retrouvez les actions ou situations où vous étiez mal à l'aise : quelles pouvaient en être les raisons ?
5	Ne minimisez pas votre rôle dans vos réussites. Ne soyez pas trop modeste, cela ne favorisera pas votre estime de vous-même.	5	Soyez objectif. Quelle est votre part dans ces échecs ?

Pour approfondir cet exercice, reportez-vous à la page 118.

Section 3

Prenez conscience des modèles qui vous ont façonné

Jusqu'à maintenant, votre confiance en vous s'est appuyée sur les modèles que vous avez préférés – ceux qui vous ont plus pour leur force, leur qualité, leur charisme... Mais êtes-vous sûr qu'ils sont les meilleurs pour vous ? N'avez-vous pas été influencé par des complexes comme celui d'Œdipe ? Prenez donc conscience de vos modèles et osez en changer s'ils ne vous conviennent pas. La confiance n'est pas figée, elle peut s'améliorer de jour en jour si vous le voulez.

❶ Faites un détour par le complexe d'Œdipe

La formation de la personnalité et, par extrapolation, de la confiance en soi s'opère, entre autres, par le jeu d'identifications réussies.

Ce jeu prend toute son importance vers 2 ans au stade « du miroir ». Puis, il se poursuit au fil des rencontres parfois influencées par des facteurs reconnus comme le complexe d'Œdipe (voir encadré « Pour aller plus loin » page suivante).

Par leur rôle et leur proximité, les parents sont en effet des sujets d'identification privilégiés. Mais ils ne doivent pas le rester ! En adoptant les bonnes attitudes, vos parents vous ont amené à vous défaire du complexe d'Œdipe en :

✔ ***s'interposant*** entre vous et le parent de sexe opposé. En effet, le garçon renonce à son désir pour sa mère par peur de son père : il peut ensuite s'investir vers d'autres femmes. La fille tente de séduire son père qui, ne répondant pas à ses avances et se tournant vers sa mère, amène son enfant à regarder d'autres hommes ;

Pour aller plus loin

Le mythe d'Œdipe

Le roi de Thèbes, Laïos, apprit par l'oracle que le fils qui lui naîtrait tuerait son père et épouserait sa mère. À sa naissance, Jocaste, sa mère, effrayée, abandonna l'enfant. Des bergers le recueillirent et le roi de Corinthe, Polybos, l'adopta. Plus grand, Œdipe apprit qu'il n'était qu'un enfant trouvé. Intrigué par cette révélation, il consulta le même oracle que Laïos qui lui répéta l'horrible prédiction : « Tu tueras ton père et tu épouseras ta mère. » Plus tard, croisant Laïos sans savoir que celui-ci était son père et, s'étant pris de querelle avec lui, il le tua. Accueilli à Thèbes comme un bienfaiteur pour avoir délivré le pays de la terreur en ayant bien répondu au Sphinx, Œdipe fut nommé roi et épousa Jocaste, ignorant qu'elle était sa mère.

Par extension aujourd'hui, le complexe d'Œdipe correspond au fait d'éprouver du désir pour le parent de l'autre sexe et de l'hostilité pour le parent de même sexe.

✔ ***portant un regard mesuré***. Ni trop présents ni trop oppressants, vos parents vous ont accompagné dans votre travail d'étayage de votre jugement intérieur. Vous avez pu libérer convenablement votre libre arbitre pour rester indépendant vis-à-vis du jugement d'autrui ;

✔ ***faisant preuve d'un laxisme limité***. Ils vous ont aidé et soutenu dans votre apprentissage de la vie. Ils vous ont appris vos droits, vos limites, ont construit des repères solides autour de vous. Ils vous ont ouvert les yeux sur la complexité de la vie.

En abandonnant progressivement le complexe d'Œdipe, vous vous êtes tourné vers d'autres modèles. Mais sont-ils les mieux placés pour vous renforcer et vous aider ?

❷ Choisissez les modèles qui renforcent votre confiance

En grandissant, vous avez choisi des modèles (ou idéaux) que vous avez cherché à égaler. Et c'est tout à fait normal ! Pour ce faire, vous avez assimilé un aspect, un attribut de l'autre et vous êtes transformé partiellement ou totalement en rapport avec celui-ci (voir encadré « Mémento » ci-contre).

Mais êtes-vous sûr d'avoir choisi les plus solides ? Pour le savoir :

✔ faites la liste de vos modèles en indiquant : nom, prénom, lieu de travail, fonction et raison de vos choix. Classez-les par ordre chronologique de vos rencontres ;

Nom et prénom et date de rencontre	Lieu de travail	Fonction	Raisons qui font passer cette personne pour un modèle à vos yeux

✔ sélectionnez dans cette liste les modèles qui entrent dans le champ de vos limites et de vos repères pour ne retenir que les identifications constructives. Ne reproduisez pas le « laisser-faire », vous ne pouvez pas faire tout ce que vous voulez…

Élever ses enfants ou manager son équipe oblige à tenir un discours vrai : c'est faire comprendre que la vie est faite de problèmes, qu'il faut de la ressource et de l'énergie pour les résoudre et que vous rencontrez vous-même des obstacles que vous surmontez en partie grâce à vos modèles.

Notez que quelqu'un qui a confiance en soi, c'est celui qui n'a pas « appris » à se duper à travers des identifications malheureuses. C'est quelqu'un qui sait prendre du recul.

Mémento

Réussir ses identifications

Sachez que la personnalité est bien le fruit d'identifications successives avec l'entourage qui contribuent à la constitution de votre moi. Quand elles sont réussies, vous vous acceptez comme vous êtes et non comme vous avez cherché à être ou devenir. Dans ces conditions, les comportements humains au quotidien ne seraient que les reflets ou reproductions, complètes ou non, d'identifications antérieures devenues inconscientes.

Section 4

Prenez un peu de recul

Pour développer votre confiance, pour qu'elle soit saine et durable, il est nécessaire de respecter une certaine progression. Vous devez l'ancrer raisonnablement en vous afin qu'elle vous accompagne tout au long de vos actions. Ne soyez pas trop pressé et prenez le temps du recul pour analyser, écouter et trouver de solides appuis.

❶ Conjuguez deux nouveaux atouts pour votre confiance

Après avoir fait le point sur vos qualités et vos défauts vous pensez avoir pris suffisamment de recul pour analyser vos réussites et vos échecs. Pourtant d'autres paramètres entrent en ligne de compte : vos émotions ont leur influence dans toutes vos actions. Ne vous sentez-vous pas plus en confiance quand vous êtes aimé ?

⏭ Apprenez à vous écouter

Votre expérience et l'appréhension de la réalité peuvent vous aider à récupérer une bonne dose de confiance en vous et de tranquillité. Pour cela, vous devez vous écouter et rester attentif à votre cheminement, qui a guidé vos réussites, vos échecs et les détours de la vie en général. Ce temps vous paraît superflu ? En réalité, il ne l'est pas ! Au contraire, il est une **opportunité** à saisir pour vous assurer d'atouts supplémentaires pour développer votre confiance. Prendre en compte uniquement vos savoirs ou savoir-faire, vos qualités et vos défauts ne suffit pas. Pensez aussi, pour une fois, à faire émerger vos ressentis. Car, à vouloir tout contrôler, nier vos émotions, vous vous bercez d'illusions.

Cette démarche est fondamentale pour limiter votre dépendance aux autres. En effet, si vous passez votre vie à tenter désespérément de faire concorder votre réalité avec des représentations du monde qui vous entoure, nourries par les mythes sociaux et les croyances, vous courez les pires risques de décalage et de frustration.

Comment faire ? Faites émerger votre ressenti par des questions comme :

✔ Quelles sont les couleurs que je préfère pour m'habiller indépendamment des tendances de la mode ?

✔ Avec qui ai-je vraiment envie de partager mes vacances ?

✔ Est-ce que le contact avec des clients pourrait m'apporter plus d'assurance dans mes relations ?

✔ Une expérience à l'étranger mérite-t-elle d'être étudiée ?

✔ Pourquoi toujours aller voir les films nouveaux et ne pas m'offrir une période de retour sur les classiques ?

En effet, cela vous permettra de trouver un délicat équilibre entre des forces conflictuelles telles que vos besoins, vos désirs, vos buts, vos responsabilités, vos obligations, vos droits et les attentes des autres.

Développer votre confiance en vous, c'est renforcer votre moi en restant à votre écoute et en prenant le temps du recul. C'est accepter le renoncement et en faire l'expérience en adoptant ce principe : vous gagnez toujours plus que ce à quoi vous renoncez.

⏭ Appuyez-vous sur l'amour !

Mais d'abord, quelle idée vous faites-vous de l'amour ? Le vivez-vous comme :

✔ ***un processus de dépendance ?*** Ainsi expérimenté dans l'enfance par un manque d'amour parental : c'est une force qui oblige à s'attacher à l'autre. Conséquence : vous cherchez à recevoir plutôt qu'à donner, nourrissez l'infantilisme plutôt que l'évolution, œuvrez pour piéger et restreindre plutôt que pour libérer. Cette forme d'amour détruit plutôt qu'elle ne construit des relations ;

✔ ***un acte d'évolution et d'enrichissement mutuel*** fondé sur un engagement du moi ? Vous donnez avec discernement, encouragez judicieusement l'autre mais aussi le critiquez, exigez beaucoup de lui, le poussez et le réconfortez.

Si votre moi est solide, l'amour s'exprime pour vous comme une sorte de **travail d'attention, d'écoute et de choix,** donc d'indépendance dans la relation non sans gestion des risques (comme perdre ou refuser), il engage dans une **confrontation**. En contrepartie, il apparaît comme un facteur de bonne santé mentale, d'équilibre, et par conséquent entretient votre confiance en vous.

Pour s'étoffer, la confiance en soi trouve un précieux allié dans un milieu aimant à condition que l'amour réciproque soit vécu loin de toute dépendance excessive. Ainsi aimer et être aimé favorise la confiance en soi, à la condition que les déficits du moi dus à l'élaboration de la personnalité dans la toute petite enfance ne soient pas trop lourds.

2 Apprenez à mieux négocier les virages de votre vie

Lorsque vous prenez des virages dans votre vie, vous devez souvent renoncer à quelque chose qui vous appartient. Dans ce cas, sachez que le danger réside plutôt à l'intérieur de vous alors que vous croyez toujours le voir à l'extérieur. Quand la solidité du moi n'est pas au rendez-vous, ce genre d'épreuve est difficile.

Vous avez déjà refusé deux missions à l'étranger parce qu'il vous faut rompre avec quelques habitudes ? Vous vous inventez des difficultés d'intégration ? Vous imaginez vivre en solitaire, ne pas aimer la cuisine anglaise, ni le métro de Londres ? Pourtant cette mission dans la filiale anglaise de votre société serait un bon tremplin pour évoluer du commercial vers le marketing ! Si vous en avez envie, faites-vous violence. Les problèmes pressentis trouveront des solutions sur place. Sinon faites confiance à votre routine et ne rêvez pas, vous serez déçu. Pour aller de l'avant, voir autre chose, il faut accepter de changer ses précieuses habitudes pendant un temps.

⏭ Lâchez prise

Certes, perdre quelque chose, est difficile. Mais la confiance en soi manifeste justement sa présence et son intensité dans ces moments difficiles du **renoncement**. Votre vie peut être ponctuée de deuils, de ruptures, de divorce, de déménagements, de perte d'emploi, de mutations professionnelles, de changements de métier… En vous choisissant des modèles, vous voulez « être comme, devenir comme, faire comme ». Et, aller d'identifications en identifications c'est faire l'expérience du renoncement, voire du deuil. La façon dont vous avez vécu pertes et séparations dans l'enfance oriente la manière dont vous allez, en tant qu'adulte, « travailler » à renoncer, à lâcher prise avec ou sans trop de dégâts (voir encadré « Pour aller plus loin » ci-contre). Votre personnalité et votre moi se sont construits avec tous les apports et toutes les pertes. Pour que le mélange soit réussi, il faut une bonne intégration et une harmonisation entre tous ces éléments.

Pour aller plus loin

Comment peut se vivre un renoncement ?

Pour vivre au mieux une situation de renoncement, pour la maîtriser, vous devez savoir quels sont vos moyens de défense. Sachez qu'il en existe plusieurs sortes dont deux sont énumérés ci-dessous. Quel est le vôtre ?

➜ Le détachement affectif ? En cas de coup dur, vous vous isolez, durcissez vos relations, réprimez vos émotions et désirs. Vous vivez une sorte de désinvestissement social et relationnel.

➜ L'altruisme excessif ? Vous aidez les autres, vous occupez de leurs malheurs. Vous faites preuve de don de soi et apaisez votre souffrance en tentant d'apaiser celle des autres.

Le lâcher-prise est une attitude qui ne vous est pas familière ? Alors changez dès aujourd'hui vos habitudes ! Pour prendre soin de votre confiance, adoptez au plus vite les bonnes attitudes :

- ✔ évitez de rester dans le déni ;
- ✔ regardez les situations que vous vivez de manière lucide ; autrement dit, prenez du recul et restez en phase avec la réalité. Par exemple, la terre ne s'arrêtera pas de tourner si vous êtes amené, un jour, à rendre un travail en retard. Prenez les devants, estimez votre temps de travail restant et prévenez dès que possible des nouveaux délais ;
- ✔ acceptez la transformation. Rappelez-vous la métaphore du papillon : pour voir les ailes de l'insecte, il faut que la chrysalide disparaisse !
- ✔ renoncez lorsqu'il le faut en profitant de l'occasion pour faire un bilan ;
- ✔ apprenez à gérer les pertes et à supporter les blessures qu'elles entraînent.

Ces comportements vous aideront à vivre au mieux certaines situations difficiles et notamment à manager les rivalités.

⏭ Gérez les rivalités

Sachez que la rivalité naît au sein même de la famille. De l'idée de partager, vous êtes passé au sentiment de jalousie. Or, vous devez écarter cette pulsion dangereuse de destruction de votre rival – cause profonde d'angoisse –, car cela risque d'atteindre la force de votre moi.

Pour survivre aux rivalités, vous avez inconsciemment mis en place des mécanismes de défense du moi qui s'expriment par des attitudes répétées et se chargent de :

✔ réduire les conflits internes ;

✔ vous protéger des « affects » insupportables comme la peur, l'humiliation, les frustrations, ainsi que ce qui les provoque ;

✔ diminuer les désagréments d'une façon générale en provenance des excitations insupportables issues du monde extérieur.

Les défenses de votre moi sont une partie importante de votre personnalité. Il ne s'agit pas de vouloir les nier, mais plutôt d'apprendre à les connaître pour mieux les accepter, afin de construire de nouveaux arguments moins réactifs.

Mémento

Quelques exemples de mécanisme de défense

Parmi tous les moyens de défenses qui peuvent caractériser un individu, quels sont ceux qui vous correspondent :

→ l'hostilité suivie d'un acte de bonne volonté réparateur ;

→ le raisonnement intellectuel dénué de tout sentiment ;

→ la négation ;

→ la victimisation, etc ?

Aussi prenez conscience du mécanisme de défense (voir encadré « Mémento » ci-contre) que vous mettez en place le plus souvent ainsi que de ses conséquences négatives. Puis, dressez la liste des autres mécanismes qui reviennent régulièrement en précisant les situations et personnes rencontrées.

Lorsque vous sentez poindre une situation de rivalité, adoptez alors les bonnes attitudes :

✔ ***rassurez votre moi*** en faisant preuve de réalisme. Vos compétences, votre expérience et vos talents sont inaliénables et inaltérables que vous soyez ou non jalousé ou critiqué. Exprimez-vous en faisant jouer votre libre arbitre. Dites ce que vous voulez sans chercher à vous défendre. Vous êtes au-dessus des petits tracas ordinaires ;

✔ ***cernez vos désirs.*** Si le travail de renoncement demandé par l'objet de la rivalité n'est pas trop fort, vous serez plus tranquille ;

✔ ***confortez votre autonomie*** et votre indépendance.

Lâcher prise et gérer vos rivalités sont deux aptitudes nécessaires à la protection de votre confiance en vous. Aussi, prenez le temps qu'il faudra à leur assimilation avant de songer à accroître votre confiance.

Et vous, où en êtes-vous ?

Savez-vous ce que traduisent vos mécanismes de défense ?

Dans un premier temps, repérez quel mécanisme de défense vous caractérise le mieux (celui que vous empruntez le plus souvent) pour, dans un deuxième temps, comprendre ce qu'il traduit.

Scénario n°1 le renforcement	Vous avez le réflexe des amnésiques : vous repoussez les pulsions indésirables (et tous les souvenirs associés aux émotions et désirs correspondants) ; votre moi investit en permanence une certaine « quantité d'énergie » pour maintenir cet oubli actif et salutaire.
Scénario n°2 la surcompensation	Vous cherchez à vous affirmer à travers une négation radicale de la situation intolérable (par exemple en marchant d'un pas décidé en sifflant quand vous avez peur dans une rue noire et déserte) : vous maintenez alors les pulsions indésirables hors de la conscience en insistant fortement sur une pulsion inverse.
Scénario n° 3 l'isolation	Votre processus de défense est de séparer vos idées de leurs contenus émotionnels. Conséquence : vous semblez indifférent et vide affectivement.
Scénario n°4 la régression	Pour fuir devant la pulsion indésirable, vous perdez des comportements acquis et appris pour revenir (rétrogradation) à des niveaux plus anciens et archaïques (exemple : parler comme un enfant).
Scénario n°4 la sublimation	Vous substituez à la pulsion indésirable des activités socialement acceptables (intellectuellement et moralement).
Scénario n° 5 la projection	Vous niez un affect intolérable et vous l'attribuez à autrui, au monde ou à un système. Vous retournez une situation de rivalité ou de haine et faites en sorte que d'agent vous deveniez victime.
Scénario n° 6 le retournement sur la personne propre	Vous retournez vos pulsions hostiles contre vous-même et non contre la personne qui vous nuit. Dans ce cas, vous vous faites du mal.
Scénario n° 7 la réparation	Vous exprimez votre pulsion hostile par des actes ou des fantasmes. Ensuite, vous réparez le mal fait par un acte de bonne volonté (processus d'annulation rétroactive).
Scénario n° 8 la dénégation	Vous éliminez ce qui vous est indésirable en corrigeant par des paroles ou des actes.

Pour approfondir cet exercice, reportez-vous à la page 119.

L'essentiel

APPRENDRE À SE CONNAÎTRE EST INDISPENSABLE POUR PROGRESSER SUR LE CHEMIN DE LA CONFIANCE EN SOI.

1 CULTIVEZ UN NARCISSISME RAISONNABLE

Se convaincre qu'une petite dose de narcissisme est indispensable pour améliorer sa confiance en soi, à condition de ne pas en abuser. Commencer par s'aimer dans le présent avant de s'aimer dans le passé puis dans le futur.

2 PRENEZ CONSCIENCE DE VOS QUALITÉS COMME DE VOS DÉFAUTS

Accepter ses défauts, pour être moins vulnérable et améliorer son potentiel de confiance. Reconnaître ses qualités, pour identifier les points forts sur lesquels s'appuyer.

3 DÉTERMINEZ LES MODÈLES QUI VOUS ONT FAÇONNÉ

Les mettre à jour et en choisir de nouveaux qui correspondent aux besoins d'aujourd'hui.

4 PRENEZ DU TEMPS POUR VOUS ÉCOUTER

Faire émerger les ressentis car ils sont autant de guides, de repères riches en enseignements sur les désirs, les expériences constitutifs de la confiance en soi.

5 APPRENEZ À LÂCHER PRISE ET À RENONCER

Bien vivre les changements, pour apprendre à renoncer après avoir identifié ses mécanismes de défense.

❑ *Notes personnelles*

Chapitre 4

Enrichir son estime de soi

Objectifs du chapitre

- ✗ Apprendre à être soi.
- ✗ Être moins vulnérable.
- ✗ Déculpabiliser.

Section 1

Estimez-vous à votre juste valeur

Demandez-vous à vos interlocuteurs de valider l'image que vous avez de vous-même ? Les réponses obtenues influencent-elles votre confiance ? C'est donc que vous cherchez à être dans la norme et que vous vous comportez tel que votre entourage l'espère ! Mais l'image que vous avez de vous-même n'est-elle pas tout aussi importante ? Intéressez-vous donc à l'estime que vous vous portez pour faire grandir vos valeurs !

1 Partez à la recherche de l'estime de vous !

Mémento

Définitions pour faire le point

Même si la congruence, l'estime et la confiance sont intimement liées, elles définissent des attitudes et qualités distinctes :

➜ la congruence est la qualité qui conduit à adopter des comportements et prendre des décisions en rapport avec les attentes, le contexte et le besoin ;

➜ l'estime de soi est le jugement de valeur porté sur soi qui procure un sentiment de fierté ;

➜ quant à la confiance, c'est le sentiment qui donne de l'assurance, celui qui fait que vous vous sentez capable d'entreprendre et de réussir, que vous vous fiez à vous-même.

Lorsque vous vous interrogez sur votre propre image, obtenez-vous des éléments de réponses positifs et congruents (voir encadré « Mémento » ci-contre) ? Si oui, alors vous pouvez affirmer que vous vous estimez.

Pour construire l'estime de soi, sachez que la congruence est primordiale. Elle apporte un courant de sentiments positifs, **elle vous amène à vous accepter avec réalisme et lucidité**, si tant est que votre idéal du moi n'est pas exigeant au point d'être irréaliste (réussir l'impossible, atteindre la perfection, etc.).

Pour vous aider à développer votre congruence afin d'améliorer votre estime, tenez compte de ces quelques conseils :

✔ acceptez les confrontations au réel ;
✔ exposez-vous sans tricher ;

- ✔ analysez les réactions des autres avec lucidité ;
- ✔ soyez vrai, recherchez un langage qui traduise vos pensées afin d'être en accord avec la réalité.

Ces quelques règles de base vous permettront de rester réaliste et ainsi de limiter les possibles décalages avec la réalité, parfois difficiles à supporter.

Par ailleurs, sachez que si vos besoins d'estime primordiaux sont satisfaits (voir encadré « Mémento » ci-contre), vous gagnerez en assurance et serez plus apte à prendre des initiatives.

Vous savez donc maintenant que le contexte social peut agir sur votre confiance. Cependant, ne sous-estimez pas le poids de vos interactions avec votre environnement : apprenez à réguler vos perceptions.

Mémento

Deux besoins primordiaux

Sachez que pour trouver l'équilibre, il vous faut chercher à satisfaire les deux besoins suivants :

➜ l'estime de soi qui nécessite un respect de soi et une reconnaissance de ses valeurs, indépendamment des sentiments de réussite, de compétence et d'indépendance. En effet, vous n'êtes pas seulement ce que vous réussissez !

➜ l'estime des autres, caractérisée par la recherche de reconnaissance, leur appréciation et l'accès au prestige, au statut, etc.

En les combinant, vous développerez votre estime et indirectement votre confiance en vous. Dans cette démarche, sachez que le respect de vos collègues au travail peut jouer autant, si ce n'est plus, que les compliments de votre hiérarchie.

Pour aller plus loin

L'estime de soi : le 4e besoin humain !

Dans sa théorie des besoins fondamentaux, A. Maslow accordait une large place à l'estime de soi-même. Il le plaçait juste après la satisfaction des besoins de survie, de sécurité et des besoins sociaux (appartenance, amitié, acceptation) et avant les besoins d'actualisation et de réalisation de soi (accomplissement, expression créative).

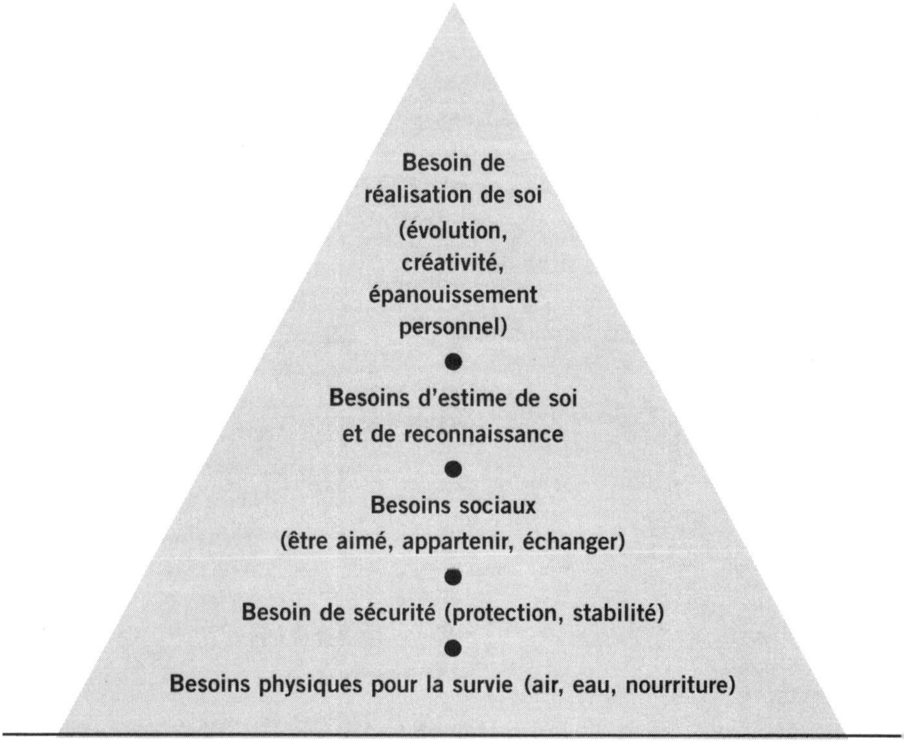

La pyramide de Maslow

❷ Faites monter le cours de votre valeur

Le concept de la « fenêtre de Johari » mis au point par Joseph Luft (voir schéma page suivante) établit la manière dont chacun se regarde. C'est un outil efficace pour mieux comprendre le processus de votre ouverture aux autres, de vos réactions et de votre estime de vous-même.

Pour l'utiliser, dressez la liste de votre aire :

- ✔ publique : ce qui est connu de tous ;
- ✔ aveugle : ce que les autres connaissent de vous et que vous ne connaissez pas ;
- ✔ cachée : ce que vous gardez secret ;
- ✔ inconnue : ce que personne ne connaît, autrement dit votre inconscient.

Conseil pratique

	Connu de soi	Inconnu de soi
Connu des autres	**AIRE PUBLIQUE** C'est tout ce qui est connu de vous et des autres comme votre nom, votre état civil, etc. En général, la divulgation de ces informations ne vous pose pas de problème. Mais vous pouvez être anxieux pour donner votre âge lors d'un recrutement ou dire votre nom si celui-ci peut prêter aux moqueries.	**AIRE AVEUGLE** C'est ce que les autres perçoivent de vous et qui vous échappe le plus souvent, comme le timbre de la voix, les tics, etc. Il s'agit parfois de comportements ressentis par les autres (ironie) ou d'attitudes (mauvaise écoute).
Inconnu des autres	**AIRE CACHÉE** C'est la partie de vous-même que vous cachez aux autres. Vous protégez et défendez ce territoire. Mais ce jardin secret, cette intimité, vous arrivez plus ou moins bien à les camoufler.	**AIRE INCONNUE** C'est votre inconscient, il n'est donc pas accessible aux autres et vous n'en avez pas clairement conscience (besoins profonds, mobiles, peurs...).

Nécessité de donner des réactions

Nécessité de demander un avis, un retour

Une fois votre schéma établi, sachez que vous pouvez le modifier, ou plutôt que vous devez le modifier ! En effet, cela contribuera à rendre vos relations plus significatives, plus libres et authentiques. Par exemple :

- ✔ en prenant le risque de vous ouvrir aux autres, vous augmentez l'aire publique et diminuez l'aire cachée ;
- ✔ en acceptant les réactions (les impressions et sentiments des autres sur vous-même), vous diminuez l'aire aveugle et ainsi augmentez l'aire publique.

Prenez conscience de ces interactions pour progresser. Certes, vous restez libre de décider ce que votre entourage doit savoir de vous, de vos sentiments et de vos pensées. Mais en restant trop mystérieux,

Conseil pratique

Faire monter le cours de sa valeur

Sachez d'abord que les valeurs que vous vous trouvez et que vous exprimez sont plus modestes maintenant que vous êtes adulte. Elles étaient plus fortes lorsque vous aviez entre 6 et 20 ans et c'est tout à fait normal !

Aujourd'hui, vous devez maintenir le niveau et cherchez à l'augmenter sans vouloir à tout prix retrouver votre puissance passée. Pour ce faire :

➜ évaluez-vous sans établir de comparaisons trop précises avec d'autres personnes ;

➜ prenez conscience du poids des modèles véhiculés par vos parents et votre environnement. Vous avez plus ou moins affirmé votre adhésion... mais ces modèles peuvent s'avérer utopiques ;

➜ tenez compte du poids des traditions culturelles, des inquiétudes liées au contexte socio-économique (peur du chômage, etc.) : tous ces modèles ont une incidence sur vous, même adulte, et sur le cours de vos valeurs !

➜ admettez que vous n'êtes pas obligé de reproduire ces modèles. Contrairement aux apparences, votre valeur n'est pas uniquement dépendante de votre environnement social.

L'évidence est que dans ce processus, la confiance en vous continue à se forger ou... à se détériorer selon la tournure des événements et le jeu plus ou moins réussi des identifications entre d'une part les images de soi et leur valorisation et, d'autre part, les images parentales.

vous resterez un étranger pour les autres et en retour ne bénéficierez pas des informations sur eux dont vous auriez besoin pour appréhender la réalité !

Cette prise de conscience et de choix participe au développement de votre confiance en vous. L'ouverture de soi est un processus d'adaptation mutuelle. Apprenez à relativiser car les autres sont comme vous confrontés à leurs désirs, leurs réussites, leurs échecs et leurs zones de vulnérabilité.

Votre confiance en vous dépend en outre de la **valeur que vous vous donnez vous-même** (voir encadré « Conseil pratique » ci-contre). Cette estime semble régulée par :

- ✔ la réussite objective proprement dite (échec ou réussite lors d'une épreuve) ;
- ✔ votre niveau d'exigence personnelle ;
- ✔ les comparaisons avec les autres ;
- ✔ les jugements des autres ;
- ✔ les choix des défis, challenges, situations que vous sélectionnez.

Elle est également la somme des images que vous avez de vous-même et un tel système de valeurs est forcément régulé par des mécanismes pour maintenir un certain équilibre.

Votre confiance en vous ne peut que profiter de votre prise de conscience sur votre environnement. Même si celui-ci vous influence et vous imprègne, n'oubliez pas que votre moi est là pour réguler vos rapports avec autrui et le monde. Pour que votre confiance en vous s'exprime pleinement et reste viable, vous devez cultiver un rapport ouvert au réel et aux autres.

Prenez ensuite de la distance, recentrez-vous sur vos besoins et ajustez-les à la réalité.

Pour aller plus loin

La théorie des « cinq pilotes »

Selon Eric Berne, il existe cinq types d'injonctions que vous avez intériorisées et qui vous conditionnent inconsciemment :

➜ Fais plaisir !

➜ Sois fort !

➜ Dépêche-toi !

➜ Fais des efforts !

➜ Sois parfait !

Réfléchissez à chacune d'entre elles afin de savoir quelle est celle qui a le plus de poids sur votre estime de vous-même.

Et vous, où en êtes-vous ?

Savez-vous quel est le niveau de votre estime de vous ?

Faites le bilan de l'estime que vous avez de vous-même. Encerclez les notes qui correspondent le plus à vos impressions. Faites ensuite le total de chaque colonne puis le total général avant de consulter les réponses.

	Très fortement	Fortement	Modérément	Peu
Je suis en général quelqu'un qui voit la vie de façon optimiste.	7	5	3	1
Quand je prends du temps et du soin pour me préparer et bien m'appliquer je réussis très bien en général.	7	5	3	1
J'ose prendre des initiatives sans attendre qu'on m'y pousse.	7	5	3	1
J'ai envie d'en apprendre plus dans beaucoup de domaines.	7	5	3	1
J'ai l'impression d'être bien équilibré au plan mental.	7	5	3	1
Je ne me prends pas au sérieux.	7	5	3	1
J'ai une forte écoute des autres.	7	5	3	1
Je crois être respecté par les autres.	7	5	3	1
J'ai tendance à dire les choses en face.	7	5	3	1
J'aime discuter avec des gens même quand je suis en désaccord avec eux.	7	5	3	1
Je ne ressens aucune réticence pour le changement.	7	5	3	1
J'aime prendre des risques.	7	5	3	1
J'ai des objectifs très clairs dans ma tête.	7	5	3	1
J'apprécie de prendre moi-même des décisions et de m'y tenir.	7	5	3	1
Je me sens en forme physiquement et je veille à ma santé.	7	5	3	1
J'aime bien regarder les gens dans les yeux quand je leur parle.	7	5	3	1
Je suis à l'aise pour appliquer ce que j'ai décidé.	7	5	3	1
J'ai bien réussi à supporter certains échecs.	7	5	3	1
Je suis attiré par ce qui est positif chez les autres.	7	5	3	1
Je sais prendre du recul quand on me critique ou me conteste.	7	5	3	1
J'aime m'exprimer en public.	7	5	3	1
Je crois que ce qui m'arrive dépend en grande partie de moi.	7	5	3	1
Je prends du plaisir et du temps pour m'habiller à mon goût.	7	5	3	1
Je sais aller vers l'inconnu.	7	5	3	1
Je me sens satisfait de mon sort actuel.	7	5	3	1
J'apprécie les compliments de mon entourage.	7	5	3	1
Total par catégorie				
TOTAL GÉNÉRAL				

Pour connaître le résultat de votre autoévaluation, reportez-vous à la page 119.

Section 2

Apprenez à être vous-même

Vouloir être soi, c'est d'abord bien se connaître. Autrement dit, c'est prendre conscience de ce qui a fondé ses valeurs depuis les premiers apprentissages, c'est s'affranchir de certains carcans et développer son estime de soi. Dans ce cadre, l'expérience et la prise de recul sont d'une grande aide. Elles vous aident à devenir adulte en puisant dans vos ressources.

1 Cheminez vers un moi adulte

Le cheminement vers le moi adulte (voir encadré « Mémento ci-contre ») s'accompagne de possibilités d'enrichissements plus ou moins complexes :

- ✔ le sens du réel, du passé et du présent ;
- ✔ la recherche de cohérence et de consistance ;
- ✔ le recours à l'expérience ;
- ✔ le contrôle de soi ;
- ✔ la capacité de s'accommoder ;
- ✔ la tolérance à la frustration ;
- ✔ l'initiative et la prise de risques ;
- ✔ le sens de la responsabilité ;
- ✔ l'esprit de solidarité ;
- ✔ la capacité de donner et de recevoir ;
- ✔ l'empathie et la capacité de décentration ;
- ✔ la capacité de s'autocritiquer, de se remettre en cause et de tirer des enseignements ;
- ✔ la capacité de changer.

Mémento

Le moi adulte

Sachez que le moi adulte comporte plusieurs caractéristiques fondamentales :

➜ le sentiment de l'identité personnelle ;

➜ la possibilité de se critiquer lui-même ;

➜ une capacité de distanciation par rapport à ses propres défenses ;

➜ la liberté du sens à donner au présent ;

➜ la possibilité de se dépasser authentiquement vers autrui ;

➜ l'orientation constructive vers le réel.

Par conséquent, pour arriver à maturation, le moi doit passer par des phases de mues. Il doit dépasser ce qu'il a vécu durant les premières années pour se construire seul, comme un self-made-man.

❷ Développez vos capacités de self-made-man

Le « self-made-man » est celui qui s'est « fait lui-même ». C'est celui qui s'est fait à la « force du poignet », qui a dépassé les obstacles pour réussir un développement, le meilleur possible, de ses capacités et de ses talents personnels.

Vous avez cette capacité ! Confronté à une épreuve difficile, placé au pied du mur, ne vous êtes-vous pas déjà découvert des aptitudes que vous ne pensiez pas avoir (voir encadré « Témoignage » ci-contre) ?

Revenez sur ces moments pour mettre au jour vos facultés de self-made-man :

- ✔ faites la liste des épreuves personnelles et professionnelles que vous avez vécues et dépassées avec ou sans difficultés ;
- ✔ décryptez les comportements qui vous ont amené à dépasser vos inhibitions et à vous étonner vous-même ;
- ✔ décrivez les situations et contextes, ainsi que les personnes qui vous entouraient dans ces moments. Lesquelles vous ont aidé et soutenu, pourquoi et comment ?
- ✔ imprégnez-vous de vos observations et cherchez à les appliquer de manière plus régulière afin que vos aptitudes deviennent des habitudes.

La confiance en soi, c'est la confiance dans la possibilité de réussir ce que vous voulez être et pas seulement ce que vous êtes. Soyez donc ambitieux tout en vous protégeant des autres pour diminuer votre vulnérabilité.

Témoignage

Ne plus avoir d'autre choix que de se surpasser

Technicien informatique, Daniel, 45 ans, se souvient comment il est parvenu à se surpasser sans jamais avoir réussi à imaginer pareille situation : « J'étais plutôt routinier et peu à l'aise. Je travaillais avec modestie et conscience professionnelle. Puis un jour, mon chef d'équipe est tombé malade. J'ai été désigné pour le remplacer mais ne me sentais pas du tout à la hauteur. Les encouragements de mon patron m'ont permis de prendre un peu confiance, et puis j'avais de la dignité ! Je voulais réussir ce remplacement d'un collègue victime des aléas de la vie. J'ai pris sur moi, dépassé mes inhibitions et commencé à prendre certains risques. J'ai fait appel à des ressources que je ne pensais pas avoir : la gestion du temps, des hommes, la formulation d'objectifs clairs, l'envie de croire… Je crois que pour nourrir et revaloriser l'estime que l'on a de soi-même, il suffit d'oser se faire violence. Moi, cela m'a réussi ! »

Section 3

Soyez moins vulnérable

Vous êtes constamment exposé au regard des autres et en cela, votre confiance en vous est toujours à l'épreuve. Elle varie selon votre façon d'appréhender le monde dans sa complexité, selon votre lucidité et votre indépendance d'esprit. C'est pourquoi renforcer sa confiance, c'est aussi agir sur sa vulnérabilité.

1 Diminuez votre vulnérabilité au système social

Votre confiance s'est élaborée tout au long de la construction de votre personnalité. Elle a démarré par le **regard de l'autre** puis le regard s'est intériorisé. Pour être moins vulnérable, il faut que votre propre vision prenne le dessus, que vous appreniez à vous affranchir du regard des autres. Cela s'installera d'autant plus facilement que vous gagnerez en expérience.

Le système social est un lieu de tensions et de rapports de forces, l'individu est l'objet de pressions diverses. Ce qui va faire la différence, c'est la façon dont vos bases de sécurité personnelles vont vous préserver d'une trop grande **vulnérabilité** au système social. Et ces bases de sécurité sont liées à la nature et à la qualité des expériences internes.

⏭ Comprenez votre rapport à la complexité du monde

C'est au cœur des tensions de toute façon inévitables que se confirme, se consolide ou se révèle la confiance en soi.

Certaines personnes se distinguent par leur tendance à tenir des propos radicaux exprimant ainsi la grande fragilité de leur personnalité : elles ne voient que des choses bonnes ou mauvaises, ne font pas de nuance, de contradiction et ne proposent pas d'évolution. En revanche, l'adulte qui fait preuve de confiance en lui est capable d'une appréciation plus subtile du monde :

- ✔ il ne nie pas la réalité conflictuelle inscrite dans certaines situations de sa vie ;
- ✔ il n'ignore pas les conflits ;
- ✔ il ne fuit pas les situations difficiles ;
- ✔ il admet que des choses lui échappent et en ce sens intègre la dimension de l'inconscient.

Et vous, comment appréciez-vous le monde ?

⏭ Saisissez le milieu dans lequel vous évoluez !

Découvrir le processus de culpabilisation vous mènera sur le chemin d'une meilleure confiance. Pourquoi ? Parce que, même sans tout comprendre, entreprendre cet effort de compréhension est un plus pour la confiance en soi.

Dans le cadre de l'entreprise, si vous ne comprennez pas les jeux de pouvoir, vous serez non seulement des victimes désignées, mais de plus vous somatisez et la tendance à « psychologiser » gagnera du terrain. Dans ces cas, vous pourrez être amené à décrire et juger les comportements sans imaginer la dimension cachée des phénomènes en train de se produire. Ainsi, certaines peuvent être amenées à dire qu'il n'y a pas de problème dans la « boîte », alors que l'entreprise dépose le bilan quelques mois plus tard suite, par exemple, à un conflit familial au niveau de la direction.

En diminuant votre vulnérabilité face à votre environnement social (voir encadré « Conseil pratique » ci-contre), vous serez à même de refuser l'hypocrisie et pourrez ainsi évoluer dans un milieu où donner le meilleur de vous-même.

Conseil pratique

Amoindrir sa vulnérabilité

Vous vous sentez vulnérable face à votre entourage ? Rassurez-vous, cela peut changer ! Pour cela, sachez :

➜ analyser une situation qualifiée d'échec par votre entourage en :

- **saisissant le sens réel de la situation,**
- **identifiant toutes les indications qu'elle contient,**
- **déterminant la dimension cachée ou peu accessible à première vue,**
- **tenant compte du contexte et de l'histoire à l'origine de la situation ;**

➜ encourager une pratique de feedback sur vous. En effet, c'est le chemin pour trouver le sens d'une non-réussite.

❷ Faites preuve de lucidité

Être lucide est une bonne garantie pour la confiance en soi. C'est manifester une certaine :

- ✔ intelligence des situations (expérience interne) ;
- ✔ indépendance d'esprit (distance vis-à-vis du regard externe) ;
- ✔ connaissance de soi.

Ces trois atouts combinés vont vous permettre de trouver la tranquillité, véritable alliée de la confiance en soi.

Chercher à y voir clair vous aidera aussi à supporter les changements et les ruptures. En effet, tourner la page, c'est faire le deuil de certains acquis et repères, ce qui n'est pas toujours facile ! Aussi, ne vous inquiétez pas si les résistances et les freins déclenchent des hésitations, crises et inquiétudes.

Pour vous sortir des mauvais pas :

- ✔ acceptez l'idée de perdre provisoirement confiance à cause d'un mauvais résultat ;
- ✔ appuyez-vous sur votre expérience ;
- ✔ prenez du recul face à votre entourage pour agir en toute lucidité.

Alors vous sortirez plus fort des caps difficiles et augmenterez encore votre confiance.

Pour aller plus loin

De la confiance pour apprendre une langue étrangère

Lors de vos séjours à l'étranger, vous n'arrivez pas à comprendre vos interlocuteurs. Professionnellement, vous savez qu'il y a eu des freins à votre évolution face à cette carence. Vous aviez tenté sans convictions une méthode d'autoapprentissage sans succès. Admettez une fois pour toutes que vous ne vous êtes jamais mis dans la peau de quelqu'un qui va affronter un apprentissage. Cela suppose un programme, du temps, de l'humilité, accepter de faire des exercices, voire de régresser, de prendre des risques, mais aussi de prendre du plaisir, d'augmenter ses capacités et finalement de travailler sans le savoir à enrichir sa confiance en soi.

Section 4

Déculpabilisez !

Parfois, vous vous sentez submergé par les regrets et des scrupules, vous pratiquez l'autoaccusation, vous refusez de profiter de l'existence et de ses bienfaits. Cela a une influence négative sur votre confiance. Alors, identifiez les origines du complexe de culpabilité avant d'apprendre à vous en défaire.

❶ Comprenez le complexe de culpabilité

Vous présentez des symptômes du complexe de culpabilité ? Sachez alors que vos attitudes et comportements sont sous l'emprise d'une intransigeance morale. Il faut absolument que vous vous débarrassiez de ce sentiment car il transforme vos moindres erreurs ou fautes en méfaits inexpiables !

Découvrez les origines du complexe de culpabilité

Le complexe de culpabilité a deux origines :

✔ ***Le poids des pressions internes,*** lié à l'angoisse de l'enfant pendant le complexe d'Œdipe. En effet, pendant cette période, l'enfant est partagé entre l'amour porté au parent du même sexe et le souhait de lui faire du mal. En voulant respecter les interdits pour sauvegarder l'amour, il en vient à haïr en même temps l'autorité parentale.

✔ ***Le poids des pressions externes.*** En Occident, la vie spirituelle religieuse a généralisé le principe de la faute en suggérant l'expiation du péché par des formes de purification. La morale athée prônait des règles de discipline sévères retirant souvent le droit à l'erreur. Ainsi par les processus d'apprentissage et d'acculturation, le social joue un rôle de relais pour exercer des pressions sur l'individu, confirmant les pressions internes d'origine œdipienne et contribuant ainsi à leur mise en forme.

⏭ Faites le lien entre culpabilité et confiance en soi

Sachez que la culpabilité entraîne une dépréciation de soi (parfois proche du mépris). Pour en prendre conscience :

- ✔ mesurez votre degré de culpabilité en faisant la liste des convictions de votre environnement qui vous empêchent d'avoir vraiment confiance en vous. Par exemple, telle personne bercée dans l'illusion que l'on peut être parfait devient conditionnée par une injonction comme : « Je ne peux pas me permettre un seul échec, je dois tout réussir », ou « Il faut chercher à ressembler aux autres en tout point pour se faire accepter » ;
- ✔ reprenez la liste des cinq pilotes internes qui influencent votre estime de vous-même (p. 69). Vous pouvez reconnaître facilement ces injonctions, elles commencent souvent par « Je dois absolument, il faut, il est nécessaire que… » et suscitent une anxiété ;
- ✔ posez-vous ensuite la question : est-ce que ces phrases sont en adéquation avec mes désirs ? Vous pouvez décider de vous affranchir de ces injonctions pour mettre davantage vos désirs en avant.

Pour élucider les problèmes, il peut être également utile que vous démontriez ou que quelqu'un vous démontre en quoi vos convictions sont fausses. Pour progresser, vous devez identifier les points de résistance, c'est-à-dire les convictions inconscientes menaçantes qui ont de l'emprise sur vous : sentiment de culpabilité, complexe d'échec, etc.

❷ Apprenez à déculpabiliser

Pour vous libérer de votre culpabilité, il existe une méthode efficace que vous pouvez facilement mettre en place : le CMT ou *Control Mastery Theory*. Courant de psychothérapie délibérément optimiste, ce programme en quatre étapes recommande de formaliser votre plan de bataille afin d'éclaircir les sentiments gênants et éviter d'être pris au piège des formes habituelles d'autopunition, de culpabilisation et d'échec :

✔ ***définissez les buts*** à court terme et à long terme que vous voulez atteindre, comme par exemple devenir plus indépendant et moins impulsif à court terme et accéder à un poste précis de responsabilité à long terme. Faites en sorte que vos buts exprimés soient en rapport avec les buts plus ou moins conscients ;

✔ *identifiez les obstacles* et donc les convictions inconscientes (dangers redoutés) qui freinent ou interdisent la réalisation des buts ;

✔ *mettez en place les comportements* capables de réfuter les convictions menaçantes par une interaction avec les autres. Si la mise à l'épreuve des autres fait que le *test* réussit (les autres n'échouent pas au test), vous progresserez dans l'idée que votre propre culpabilité n'est pas fondée ;

✔ *bénéficiez des réactions attendues des autres et de leurs explications* afin d'éclairer les liens entre comportements présents et expériences d'enfant.

Pour aller plus loin

Éviter de culpabiliser les autres

Si l'un de vos collaborateurs n'atteint pas ses objectifs, évitez de le condamner. Cherchez plutôt à analyser ce qui s'est passé, à tirer des enseignements et à concevoir ensemble un plan d'action sur lequel il va s'engager.

Globalement, vous gagnerez à mieux vous connaître. Chacun vit une sorte d'expérience « provisoire » avec une perspective plus ou moins réussie d'autoaccomplissement.

Vous devez vous efforcer non pas d'éliminer vos complexes mais de vous accorder avec eux, c'est-à-dire que vous devez lentement effectuer les médiations nécessaires en réduisant certains excès liés à des complexes forts et en compensant certains manques.

Conseil pratique

Procéder par étapes pour progresser

Faire au mieux avec soi, c'est accepter le présent, apprendre à rester près de soi, consentir à être soi et à aimer cet être soi, malgré les complexes, notamment les conduites d'échec et la culpabilité. Concrètement c'est :

➜ évaluer l'avenir des mutations attendues et leur « faisabilité » ;

➜ construire des paramètres d'anticipation ;

➜ proposer un projet.

Et vous, où en êtes-vous ?

Savez-vous quel est votre niveau de culpabilité ?

Cet exercice vous permettra de cerner votre état d'esprit au regard de la culpabilité.
Cochez les cases si vous pensez « Toujours », ou « Souvent » les propositions énoncées. Cochez la case « Jamais » si vous ne vous retrouvez pas dans la situation évoquée.

	Toujours	Souvent	Jamais
Je ne fréquente que les gens qui m'apprécient.			
Il est toujours difficile de dire non.			
Je pense que les gens ne changent pas vraiment.			
Beaucoup de gens qui félicitent ne sont pas vraiment sincères.			
Je suis loin d'avoir les résultats que j'aimerais avoir.			
Quand les choses vont bien, je pense que ça n'est pas bon signe.			
J'ai du mal à reconnaître mes erreurs.			
J'accorde beaucoup d'importance à ce que les gens pensent de moi.			
Les gens en général cherchent à vous nuire et empêchent votre évolution.			
J'en veux à mes origines et à mes parents.			
J'ai tendance à remettre à un autre jour la plupart des décisions à prendre.			
Si on souffre on n'y peut pas grand-chose.			
J'ai le sentiment que je ne peux pas mieux faire.			
Je pense que personne ne peut vraiment m'aider.			
Le changement et les responsabilités me font globalement peur.			
TOTAL			

Pour connaître le résultat de votre autoévaluation, reportez-vous à la page 119.

L'essentiel

CROIRE EN SOI ET EN SA PROPRE VALEUR, ÊTRE FIER DE SES RÉALISATIONS, S'ACCEPTER ET ADMETTRE QUE DES DIFFICULTÉS SONT POSSIBLES SANS QU'ELLES REMETTENT TOUT EN CAUSE, CONSTITUENT LES BASES D'UNE BONNE CONFIANCE EN SOI.

1 SOYEZ VOUS-MÊME

Se convaincre que vouloir être soi est un allié de la confiance en soi. Affirmer ses projets et montrer les moyens mis en œuvre pour leur réalisation.

2 ESTIMEZ-VOUS À VOTRE JUSTE VALEUR

Comprendre que l'image de soi n'est pas la réalité, tout en sachant qu'elle bonifie la confiance en soi quand elle correspond à l'image que transmet l'entourage.

3 APPRENEZ À VOUS OUVRIR AUX AUTRES

Éviter de cacher trop de choses de sa personnalité car cela empêche d'obtenir de l'entourage les informations indispensables pour cultiver et enrichir la confiance en soi. S'ouvrir aux autres pour renforcer son estime de soi et donc son niveau de confiance.

4 SOYEZ MOINS VULNÉRABLE

Accorder moins d'importance au regard des autres sans pour autant nier la réalité même si elle est source de conflits. Se souvenir qu'en situation de tensions et d'actions, le potentiel de confiance grandit et peut s'évaluer à sa juste valeur.

5 NE VOUS BERCEZ PAS D'ILLUSIONS

Apprendre à relativiser et à cultiver son indépendance d'esprit en se remettant à ses expériences et en ayant acquis une bonne connaissance de soi-même.

6 DÉCULPABILISEZ !

Chercher à comprendre le sentiment de culpabilité afin d'éclairer les échecs et les réussites. Déculpabiliser face à toutes les exigences : les siennes comme celles de son entourage.

Chapitre 5

Cultiver son indépendance

Objectifs du chapitre

- ✗ Apprendre à réagir face à son environnement.
- ✗ Construire des relations solides.
- ✗ Apprendre à faire confiance aux autres.

Section 1

Comprenez les liens qui vous unissent à votre environnement

Il existe des interactions entre vous et votre environnement. Lui vous fournit des expériences riches et variées avec les autres. Vous gardez en mémoire ces expériences en utilisant votre propre filtre, autobiographique, qui construit votre personnalité. Ces deux natures d'interactions influent sur votre confiance en vous. Prenez-en conscience pour progresser.

1 Soyez singulier

En observant les autres, vous avez tendance à vouloir leur ressembler tout en vous efforçant de vous différencier des modèles d'autrui ? Vous pouvez alors vous considérer comme une personne singulière, c'est-à-dire qui se reconnaît comme unique, avec des qualités propres pour créer, agir, décider… Prenez-en conscience !

En vous comparant positivement aux traits de caractère de quelqu'un, en observant chez autrui des indices forts de confiance en soi, vous influez sur votre potentiel de confiance. Donc, plus vous vous sentez « proche » (similaire) d'autrui, plus vous lui reconnaissez et attribuez des indices et des preuves de confiance en lui, plus cela aura un impact sur votre propre niveau de confiance en vous.

Ainsi dans les sports collectifs, même si les joueurs sont confrontés à des changements d'entraîneur, ils chercheront dès les premiers contacts :

- ✓ à décrypter les signes de confiance que leur nouveau coach manifeste face aux événements (calme, fermeté, bonne humeur) et certainement à les reproduire ;
- ✓ à lui montrer leurs différences, leurs traits particuliers, c'est-à-dire rester eux-mêmes (ce qui est bon signe).

Vouloir se rapprocher de son entourage et prendre exemple sur lui est une bonne chose. À condition bien sûr que vous en teniez compte sans en dépendre ! La bonne voie de la confiance, c'est puiser chez les autres ce qu'il vous faut pour devenir vous-même. Autrement dit, c'est s'enrichir de la différence

❷ Restez sensible et flexible face à votre environnement

Vous gardez en mémoire des souvenirs de situations vécues. En réactivant ces souvenirs, vous pouvez prendre conscience des différents comportements que vous adoptez selon les contextes. Par nature, vous êtes donc sensible et flexible face à votre environnement ce qui explique pourquoi vous décrivez votre confiance comme très variable : « Je crois en moi quand :

- ✔ je connais bien les gens auxquels je m'adresse ;
- ✔ j'ai bien préparé mon dossier ;
- ✔ je me sens motivé(e) ;
- ✔ c'est moi qui décide d'une démarche, etc. ».

En revanche, « Je manque de confiance en moi quand on me demande :

- ✔ d'aller vite ;
- ✔ d'avoir des résultats tout de suite ;
- ✔ de défendre une idée en réunion face à des gens que je connais mal ;
- ✔ de solliciter quelqu'un qui n'est pas demandeur, etc. ».

En prendre conscience, c'est savoir que **vous êtes en mesure de changer** pour adopter l'attitude la plus adaptée, celle qui vous procure une meilleure confiance en vous.

Pour aller plus loin

Différence de confiance entre culture occidentale et orientale

Selon la culture dans laquelle vous évoluez, l'importance accordée à la confiance en soi ne sera pas du tout la même. Par exemple : la culture occidentale, imprégnée d'individualisme, contribuerait à l'élaboration de schémas de soi plutôt *indépendants*.

Alors que les Asiatiques semblent plus représentatifs d'un soi *interdépendant* (respecter les autres et leur obéir).

Dans le prolongement de cette observation, notez que la confiance en soi serait un élément plus sensible dans la culture occidentale quand la confiance dans les autres jouerait un rôle plus important dans les cultures orientales.

Pour allez plus loin, apprenez à faire le lien entre votre environnement et votre confiance en vous. En effet, le contexte a une influence sur chacun : certains milieux et situations sont plus stressants que d'autres.

Si un moi bien construit, solide et souple « réagit » avec certaines garanties, il n'empêche que certaines circonstances semblent présenter de gros risques. Aussi, pour vous renforcer :

- ✔ faites l'inventaire des situations à risque sur la base de votre propre vécu ;
- ✔ décrivez ces situations dans le détail ainsi que les facteurs d'alerte qui annoncent que la confiance en soi est entamée ;
- ✔ pensez à lister les symptômes et les conséquences prévisibles ;
- ✔ recherchez également les parades « circonstancielles » pour éviter la répétition des phénomènes constatés. Est-ce possible ? À quel prix ? Dans quelle mesure ?

Sachez par ailleurs que les réponses que vous avez gardées en mémoire induisent des « confiances en vous » liées à des situations particulières, c'est-à-dire qui ne se manifestent que dans un contexte précis (voir encadré « Mémento » ci-contre).

En assimilant petit à petit le fait que la confiance est aussi une histoire de contexte et d'environnement, vous allez trouver les moyens de consolider votre moi.

Mémento

Les expériences fortes qui marquent à vie

Les réponses mémorisées les plus influentes sont celles qui se rapportent à vous, à votre vécu. Or, votre confiance fait constamment référence à ces archives personnelles, elle se manifeste toujours par rapport à des faits autobiographiques en prise sur votre personne et votre sort.

Rappelez-vous votre parcours, qu'est-ce qui vous a le plus marqué :

- **➜ un examen réussi ;**
- **➜ un problème avec un proche ;**
- **➜ vos réussites et échecs amoureux ;**
- **➜ une prise de décision ;**
- **➜ un renoncement ;**
- **➜ une épreuve personnelle ;**
- **➜ une maladie ;**
- **➜ une prise de risque ou prise d'initiative, etc. ?**

Section 2

Cherchez à avoir un moi solide

Votre environnement peut vous influencer dans vos jugements et vos actions entreprises. Alors, prenez des dispositions pour renforcer votre moi : ne liez pas votre confiance uniquement à vos performances. Au contraire, préservez-la même sans résultats pour vous permettre de rebondir. Gardez bien à l'esprit vos objectifs, votre plan d'action, ayez conscience de vos limites et accordez-vous le droit à l'erreur, premier garant d'une meilleure confiance en vous-même.

1 Faites confiance à la compétition

Avoir un moi fort, sur lequel vous pouvez compter, reste la vraie garantie de la tranquillité et de la confiance en soi. Dans la vie de tous les jours, les domaines marqués par la concurrence à outrance apportent la preuve qu'un moi solide réagit mieux à moyen ou long terme.

Sachez que le moi solide est le résultat de votre propre histoire : il est le fruit d'une confiance dans vos aptitudes acquises dans la petite enfance et le produit d'un rapport à soi et aux autres de bonne qualité plutôt renforcé dans l'adolescence (s'accepter et être accepté des autres). Quand vous abordez une épreuve en ayant confiance dans ce que vous valez et dans ce que vous savez faire sans craindre le regard des autres, vous avez une bonne preuve de la solidité de votre moi.

C'est le cas dans la pratique sportive et à un degré moindre dans l'activité commerciale ou les métiers médiatiques (presse, télévision, cinéma), ainsi que la politique.

Cependant, la compétition peut avoir un effet pervers en conditionnant la confiance en soi aux seuls résultats.

Pour mobiliser votre confiance dans la compétition :

- ✔ ayez des objectifs réalistes, clairs et précis ;
- ✔ définissez le plan d'action de chacun de vos objectifs ;
- ✔ ayez conscience de vos limites et assumez-les ;

Mémento

Se méfier de la « confiance du vainqueur » !

Méfiez-vous de cette confiance uniquement liée aux résultats. Elle est de circonstance et donc artificielle, car les mots et les raisonnements ne traduisent pas toujours ce que vous ressentez profondément. La dimension émotionnelle de la compétition met en permanence le moi sous tension.

Par exemple, si un personnage médiatique n'a plus d'audience, il a tendance à se sentir perdu s'il est devenu trop dépendant de paramètres extérieurs à lui-même. Le sportif s'en sort en apparence en ayant par à-coups confiance dans la victoire, toujours ponctuelle, particulière, sans garantie pour le lendemain. Il se visualise victorieux. S'il doit subir une défaite, elle est ressentie comme un coup d'arrêt qui le ramène à lui-même. Certains se requinquent. Tous sont fragiles. Ceux qui paraissaient les plus costauds peuvent néanmoins s'effondrer.

- ✔ estimez les risques ;
- ✔ donnez-vous le droit de changer ;
- ✔ accordez-vous le droit à l'erreur ;
- ✔ entretenez votre tranquillité.

En adoptant ces conseils, vous entrez dans la catégorie des confiants de haut niveau. Vous vous préparez mieux à affronter une éventuelle défaite. **N'oubliez pas que vous avez le droit de vous tromper, il est important de savoir l'assumer puis de l'analyser pour bien rebondir.** Ainsi, votre moi ne sera pas ébranlé et fragilisé à chaque échec ou faux pas.

De plus, en mobilisant votre confiance, en affermissant votre moi, vous devenez moins dépendant des éléments extérieurs. Rappelez-vous qu'enfant, vous avez acquis les bases de votre confiance en vous par l'autonomie. Adulte, cette autonomie s'entretient pour préserver et développer cette confiance en vous.

❷ Affirmez-vous en osant dire oui ou non !

Vous avez des idées, vous avez des expériences et vous en tirez des analyses. En présentant vos arguments aux autres, vous vous affirmez mais apprenez également à dire oui ou non.

Une des manifestations courantes de votre confiance en vous tient à **votre capacité à accepter ou à refuser avec clarté, en accord avec vous-même**. Cette indépendance d'esprit, lucide et au clair avec vos critères personnels assumés, est un signe de tranquillité et de confiance en vous :

- ✔ vous autoriser à dire non à l'autre suppose un recul de toute forme aiguë d'un sentiment de culpabilité ;
- ✔ dire oui prouve votre disposition à vous engager ;
- ✔ le risque de la rupture comme de l'engagement ne peut être le fait que d'un moi fort, capable de surmonter les nouvelles données, le contrat passé ou son absence.

Or, dire oui ou non, c'est s'affirmer – ce qui sous-entend un moi solide, prêt à gérer les tensions (voir encadré « Mémento » ci-dessous) et à faire face à toute situation, et non un moi enclin à faire l'autruche en enfouissant la tête dans le sable. Aussi, interrogez-vous :

- ✔ de quoi êtes-vous capable ?
- ✔ comment gérez-vous le doute et les incertitudes ?
- ✔ qu'êtes-vous prêt à accepter comme dérangement ou réaménagement ?
- ✔ savez-vous regarder en face les tensions associées à un accord ou un refus ?

Puisez dans vos ressources, car vous êtes capable de supporter et de dépasser des situations délicates, des dénis et des engagements. S'il vous reste des doutes, dites-vous bien que contrairement aux idées reçues, les tensions n'ont pas toujours un dénouement négatif !

En effet, elles peuvent être aussi une opportunité pour mieux traiter les problèmes quand ils se présentent, car elles peuvent fournir l'occasion d'envisager des solutions nouvelles. Choisir cet angle de vue devrait vous inciter à vous affirmer et à engager des relations de confiance.

Mémento

Oui ou non, quelles conséquences ?

Il est vrai que dans la vie sociale ou professionnelle, dire oui ou non provoque un changement de repères et implique l'installation de nouvelles habitudes. En ce sens, vous devez prévoir que refuser ou vous engager engendrera des tensions de toute nature. Néanmoins, cela ne doit pas vous empêcher de vous affirmer, bien au contraire. Le changement n'est-il pas propice à l'évolution ?

Section 3

Établissez une relation de confiance

La confiance semble partout désirée mais souvent perçue comme instable et volatile. Elle est pourtant la pierre angulaire des relations humaines. Il est donc indispensable que vous établissiez des relations de confiance. Pour cela, prenez des risques, adoptez les attitudes adéquates pour être perçu comme une personne « sur qui l'on peut compter » et faites confiance !

1 Prenez des risques

Pour établir une relation de confiance, il faut accepter de prendre des risques partagés.

Pour ce faire, vous devez vous appuyer sur trois attitudes :

- ✔ engagez-vous dans un comportement de confiance sans être certain que l'autre fera de même ; chacun doit prendre un risque ;
- ✔ réfrénez vos impulsions si elles vous incitent à exploiter ou à tirer avantage de l'autre ;
- ✔ évitez d'interpréter les comportements de confiance de l'autre comme des gestes de naïveté ou de faiblesse.

De plus, ce processus de confiance avec prise de risques doit être valable dans la durée, vos relations de confiance doivent s'établir sur du long terme.

Conseil pratique

Être aux yeux des autres une personne de confiance

Vous aimeriez que votre entourage vous considère comme « quelqu'un sur qui l'on peut compter » ? Alors :

- **➜ faites le premier pas avec volonté et discernement ;**
- **➜ ouvrez-vous aux autres ;**
- **➜ entretenez la confiance mutuelle ;**
- **➜ prenez en compte les zones de vulnérabilité de chacun afin de veiller à ne pas blesser l'autre.**

La mise en place d'une relation de confiance nécessite donc un certain contexte qui sera favorable si vous apprenez à conjuguer ces trois éléments.

❷ Soyez perçu comme une personne de confiance

La confiance est une **option**, elle n'est jamais automatique et comporte, de plus, une prise de **risque**. Vous faites un pari sur le **respect** de l'autre. Tout semble tenir dans la réponse à une question centrale pour la relation de confiance : l'autre est-il capable et assez compétent pour faire ou décider ce à quoi vous vous attendez ?

Il peut y avoir un sérieux décalage entre les « bonnes intentions » et la réalité, entre le niveau d'expérience d'une personne et ses réels moyens d'agir. Ainsi, vous pouvez percevoir la compétence de quelqu'un mais douter de ses intentions.

Il n'y a pas de moyen assuré pour obtenir la confiance des autres, en revanche, « si faire confiance aux autres n'encourage que parfois les autres à nous faire confiance, l'inverse, c'est-à-dire ne pas faire confiance aux autres, amène presque toujours les autres à ne pas nous faire confiance » (Myers). **La confiance se gagne pas à pas, au quotidien, elle se construit à travers les risques pris progressivement et réciproquement.**

⏭ Soyez consistant

Toute relation de confiance exige une bonne dose de consistance. Autrement dit, cela implique de faire ce que vous dites. Aussi :

✔ ***ayez vis-à-vis de vous-même les mêmes exigences que vous avez envers les autres.*** Cela vous obligera à rechercher les compromis avec vos interlocuteurs ;

✔ ***recherchez la coopération en respectant autrui***, en écoutant ses solutions pour trouver ensemble des réponses à vos problèmes.

Ce qui compte finalement, ce n'est pas ce que vous dites, mais plutôt ce que vous faites. Ne l'oubliez pas.

Pour aller plus loin

Être cohérent pour bien éduquer !

Si des parents recommandent à un enfant de dire la vérité et plus généralement de se confier librement à eux et qu'en avouant quelque chose ou en donnant une information, la situation se retourne contre lui, l'enfant va changer d'attitude afin d'éviter réprimandes et punitions.

Quand le risque assumé n'est pas payant, la personne adopte le scénario qui lui permet d'éviter les conséquences négatives.

Sachez par ailleurs que la consistance appelle aussi la cohérence (voir encadré « Pour aller plus loin » ci-contre). Beaucoup de cadres et dirigeants sous-estiment la nécessité d'expliquer et d'exposer les critères de décision qui permettent de comprendre puis d'accepter. Ne suivez pas l'exemple ! Pour cela, appuyez-vous sur votre intégrité personnelle :

- ✔ sachez dire non ;
- ✔ expliquez les raisons qui vous amènent à prendre telle ou telle décision ;
- ✔ refusez les dérives, les amalgames et les solutions trop complexes et donc difficilement explicables.

La consistance crée les conditions d'une bonne fiabilité réciproque et c'est à ce prix qu'un climat de confiance peut s'installer. Votre sens de l'observation et votre réflexion vous amèneront très vite à penser que vous pouvez avoir un certain degré d'influence sur les risques que décide de prendre une autre personne.

⏭ Équilibrez votre degré de confiance

En faisant trop confiance, vous paraissez gentil, naïf, stupide… Mais, en ne faisant pas assez confiance, vous êtes perçu comme rigide, méfiant, défensif… Le degré de confiance que vous développez détermine le niveau de coopération que vous acceptez avec les autres.

Quand la confiance n'est pas au rendez-vous, les mécanismes défensifs vont fonctionner avec plus ou moins de succès pour vous protéger des menaces et des agressions (justification, ironie, rébellion, évitement, hypocrisie…). Et ces mécanismes défensifs vont fonctionner à plein régime, quand votre besoin d'être reconnu par les autres n'est pas satisfait.

La relation de confiance est donc une chose délicate. Cela dépend à la fois de votre comportement et de celui de votre interlocuteur. À vous d'être habile et de prendre des risques, si possible partagés, dans la relation.

Section 4

Créez un flux de confiance

Pour créer un flux de confiance, vous devez être vous-même en confiance, changer votre perception d'autrui, surveiller à votre manière d'exprimer des critiques et adopter la bonne attitude quand vous en recevez. Ainsi, vous apprendrez à nourrir la confiance des autres.

❶ Changez votre perception d'autrui

Si vous portez un jugement trop hâtif sur autrui, si vous ne mettez en avant que ses défauts, c'est sans doute que vous lui accordez peu de confiance. Pour créer un flux de confiance, il peut donc être nécessaire de changer votre perception d'autrui.

Pour cela, travaillez en deux temps :

- ✔ cherchez d'abord à être vous-même en confiance ;
- ✔ soyez ensuite vous-même consistant avant de l'exiger des autres.

Sachez que le niveau de confiance donnera la couleur du degré de coopération que vous êtes prêt à mettre en place.

⏭ Soyez vous-même en confiance

Votre relation avec les autres dépend de la relation que vous entretenez avec vous-même. Si vous n'avez pas confiance en vous, si vous avez le sentiment d'être inférieur à vos interlocuteurs, vous êtes convaincu que les autres arrivent à la même conclusion que vous. Pour être vous-même en confiance, recherchez les relations de confiance pour créer un flux. Car en effet :

- ✔ la confiance des autres ne crée pas la confiance en soi mais peut l'altérer ou la renforcer ;
- ✔ la confiance en soi incite à avoir plus facilement confiance dans les autres, mais avec discernement et sans prendre trop de risques ;

- il n'y a pas de confiance dans les autres s'il n'y a pas un bon dosage de confiance en soi ;
- un faible niveau de confiance en soi a tendance à rendre difficile, voire impossible, la confiance des autres.

L'enjeu de la confiance en soi apparaît essentiel pour le développement personnel, une conception saine de la réussite et la qualité de votre rapport aux autres et au monde en général.

⏭ Changez votre regard sur autrui

Pour améliorer votre confiance aux autres, vous devez déjà, dans un premier temps, changer votre perception d'autrui. **Oubliez vos a priori.** L'autre n'est pas un adversaire, il est encore moins idéal. **Il comporte tout autant de défauts et de qualités que vous-même.** En un mot, (mais il est bon de le rappeler) : personne n'est parfait.

Tant que vous ne percevez pas l'autre tel qu'il est réellement, vous ne cultivez pas les bonnes conditions pour entendre son message. Soyez attentif à son attitude, sa gestuelle, sa voix, etc. – autrement dit, à tous les éléments qui reflètent son état émotif.

Prenez soin de lister pour chacun de vos interlocuteurs les comportements qui se répètent selon les situations :

- rougissement ;
- tics ;
- agacement ;
- haussement de sourcils…

Vous aurez là de nombreux indices qui vous permettront de porter un regard plus « vrai » sur votre entourage et d'adapter vos attitudes et remarques.

⏭ Exprimez vos avis et critiques intelligemment

Pour préserver de bonnes relations de confiance mutuelle :

- ***exprimez vos critiques*** en employant des affirmations qui n'agressent pas l'autre afin de ne pas rompre le flux de confiance installé (voir encadré « Pour aller plus loin » ci-contre) ;
- ***attirez l'attention de l'autre.*** Exposez-lui un fait récent qu'il ne peut contester et sur lequel vous souhaitez amener la discussion. Ne généralisez pas vos propos, vous devez laisser la discussion

ouverte pour ne pas engendrer de dispute ;

✔ ***exprimez vos sentiments*** concernant les faits que vous exposez mais sans porter de jugement de valeur. Utilisez le « je » et ne placez pas le débat sur le mode « tu fais ci, vous avez fait cela ». De cette manière, l'autre ne peut contester votre exposé dans la mesure où vous avez exposé avant tout vos émotions en rapport à ses faits et gestes ;

✔ ***concluez de manière à amener l'autre à vous faire une réponse précise.*** Comme dans l'exemple suivant : « Nous avions fait le point en mars dernier concernant le respect des horaires pour nos réunions. Je constate que nous continuons à les démarrer en retard, même si plusieurs d'entre nous semblent mieux respecter nos engagements. Je ressens la nécessité d'être plus ferme tous ensemble sur nos décisions. J'attends de vous une ponctualité garantie pour nos trois prochaines réunions de l'année. Nous serons plus à l'aise et satisfait de nos efforts et de nos progrès en ce sens si nous pouvons désormais démarrer à l'heure. Est-ce que je peux avoir votre engagement sur ce point ? » ;

✔ ***exprimez votre demande,*** votre refus de telle ou telle situation, votre volonté de changement de façon claire et déterminée ;

Pour aller plus loin

Exprimer ses critiques en toutes circonstances : les règles d'or

➜ Respectez l'ego de votre interlocuteur et ne formulez pas vos critiques devant d'autres personnes.

➜ Chassez toute agressivité, exprimez-vous à froid afin que l'autre se concentre sur le message et non sur votre ressenti. Choisissez un seul fait à lui reprocher et soyez concis dans vos propos. À tout moment, recherchez le dialogue, prenez le temps d'écouter votre interlocuteur, laissez-le émettre son avis même s'il diffère du vôtre…

➜ Vous ne devez pas chercher à gagner une bataille, vous devez laisser l'autre réfléchir à vos paroles afin qu'il puisse vous apporter une réponse qui convienne aux deux parties.

En respectant ces trois règles, vous agissez sur les comportements des autres qui vous gênent. C'est une manière saine de réagir pour éviter que les situations ne se reproduisent, vous êtes plus en accord avec vous-même. Cela vous amène à régler vos différends relationnels en toute franchise.

✔ *remerciez pour conclure votre interlocuteur* pour avoir abordé ensemble un problème et soulignez les aspects positifs d'une solution.

Dès lors que vous aurez posé un nouveau regard sur votre entourage, vous sentirez vos relations changées. Les autres seront plus à mêne de vous approcher. Continuez en ce sens !

❷ Nourrissez la confiance des autres

Après avoir nourri votre confiance, nourrissez celle des autres. Il ne suffit pas d'invoquer la confiance, ni de la regretter, ni de l'attendre, il faut l'entretenir, mettre en place de bonnes conditions, soigner son mental. Vous avez appris à changer votre regard sur autrui, à exprimer vos avis ou critiques différemment, à mieux écouter la parole des autres. Vous pouvez poursuivre cette dynamique pour nourrir et réguler la confiance des autres. En ce sens, la **confiance est un peu un nouveau principe de management de soi et des autres** qui obéit à quelques principes.

⏭ Apprenez à modifier les rôles

Vous avez gagné de la confiance en vous mais les autres vous intimident toujours… Sachez que toute situation peut évoluer. Il suffira de modifier quelque peu votre attitude pour que l'autre s'y adapte de manière positive. **Apprenez à modifier les rôles !**

✔ *Cherchez à clarifier les éventuels sous-entendus* en posant des questions précises quand vous avez des doutes ou pensez qu'une intention cachée se dissimule derrière les propos de votre interlocuteur. N'ayez pas peur de poser des questions simples qui peuvent vous paraître « bêtes ».

✔ *Utilisez des expressions « miroirs »* pour refléter les sentiments d'autrui et prouver que vous avez compris : « J'ai l'impression que… », « Veux-tu parler de… ? », « Tu as l'air préoccupé par… ». Celles-ci renforcent le climat de confiance, encouragent les autres à se livrer et participent donc à une bonne communication.

✔ *Ne craignez pas de répondre aux critiques* en procédant par étapes :

- reformulez d'abord les propos reçus ;
- défendez votre point de vue à froid ;

- reconnaissez vos torts ;
- exprimez votre désaccord en cas de besoin ;
- cherchez à comprendre les raisons d'une critique injustifiée (comment votre interlocuteur en est-il arrivé là ?) ;
- faites preuve d'une écoute attentive ;
- recherchez à deux la ou les solutions ;
- refusez d'entrer dans le jeu de vos interlocuteurs. En effet, tous ne seront pas disposés à discuter de manière positive, mais ce qui compte c'est d'adapter vos réactions en conséquence. Pour ne pas être victime, blessé par les propos, prenez de la distance et restez calme.

Ces comportements vont envoyer des messages forts à votre entourage : non seulement vous supportez les critiques mais vous rebondissez, vous apprenez de vos erreurs, vous n'avez pas peur d'émettre votre avis, vous faites avancer les situations conflictuelles.

⏭ Faites la promotion de l'initiative individuelle, de l'esprit de coopération et d'association

Notre culture ne nous a pas appris à cultiver l'initiative individuelle. La confiance en soi a été longtemps perçue comme un sentiment proche de la vanité et de la présomption. Comprise en ce sens, elle a freiné le développement personnel des individus. Aujourd'hui, tout le monde admet qu'avoir confiance en soi est un sentiment indispensable pour le bien-être et la réussite. Elle est donc bien différente de l'individualisme qui peut être décrié.

⏭ Cultivez la confiance au sein d'un groupe

Quand vous évoluez au sein d'un groupe, la confiance est primordiale. Alors, veillez à mettre en place vous-même, à votre échelle, ces différents critères qui instaurent la confiance chez les autres. Cela ne pourra qu'inciter votre entourage à vous imiter dans cette démarche positive :

- ✔ ramenez la confiance au centre des préoccupations du groupe ;
- ✔ accordez votre confiance à l'autre et aux actions qu'il entreprend ;
- ✔ incitez les initiatives individuelles ;
- ✔ faites la promotion des coopérations, des associations et de la responsabilité individuelle ;

- entretenez vos capacités d'autoorganisation ;
- luttez contre l'individualisme, l'égoïsme et le corporatisme ;
- freinez le besoin de sécurité qui augmente la dépendance vis-à-vis des autres et peut démobiliser les uns, voire les déresponsabiliser.

Vous savez à présent observer et tenir compte de votre environnement et des personnes qui vous entourent. Vous avez pris du recul et gagné en indépendance. Votre confiance en vous et en votre entourage est plus forte. Ne ressentez-vous pas déjà un certain bien-être ? Un dernier effort et vous serez enfin tout à fait libre et confiant.

Un peu d'histoire

Le rôle de la confiance dans l'évolution des sociétés

Dans son livre *La société de confiance*, paru aux éditions Odile Jacob en 1996, Alain Peyrefitte place la confiance à l'origine du décollage économique occidental des pays du Nord de l'Europe à partir du XVIe siècle. En effet, les nouveaux penseurs de la Renaissance, notamment Érasme et Calvin (« mouvement de la Réforme ») ont introduit la confiance comme mode de gouvernement. Celle-ci est à la fois confiance en soi, affirmation de soi, goût du risque et confiance en l'autre. Ce courant divergeait de la doctrine traditionnelle de l'église catholique qui privilégiait la foi, fidélité envers Dieu et la soumission à l'autorité. Alain Peyrefitte montre que le catholicisme classique fut « une culture de la défiance : défiance face à l'esprit d'entreprise, l'innovation, l'argent, le commerce ».

Et vous, où en êtes-vous ?

Faites-vous suffisamment attention à vous ?

La confiance en soi suppose que vous vous acceptiez, que vous vous respectiez, bref que vous portiez attention à vous.

→ Dressez la liste de toutes les choses que vous auriez envie de faire (ou de refaire).

____

____

____

→ Choisissez ensuite des priorités et fixez-vous des délais pour les réaliser.

____

____

____

→ Listez les raisons qui freinent ou entravent le soin consacré à vous-même.

____

____

____

→ Tirez-en des enseignements.

____

____

____

Pour approfondir cet exercice, reportez-vous à la page 120.

L'essentiel

CROIRE QUE VOTRE ENVIRONNEMENT EST RESPONSABLE DE VOTRE FRAGILITÉ N'EST PAS LA SOLUTION. AU CONTRAIRE, MIEUX VAUT S'APPUYER SUR LUI POUR GAGNER EN CONFIANCE.

1 TIREZ PARTI DE VOTRE ENVIRONNEMENT

Se rappeler que les interactions avec l'environnement sont riches d'enseignements et fertiles pour la confiance en soi.

2 MOBILISEZ VOTRE CONFIANCE DANS LA COMPÉTITION

Raisonner objectif, plan d'action, délais de réalisation tout en ayant conscience à la fois des risques et de ses limites. Agir comme les athlètes de haut niveau, qui ne se concentrent pas uniquement sur la performance mais aussi sur le bien-être.

3 ÉTABLISSEZ DES RELATIONS DE CONFIANCE

S'engager dans une relation de confiance mutuelle en mettant en accord ses paroles et ses actes. Changer son regard sur autrui, chercher à comprendre ses enjeux permet d'être dans de meilleures dispositions pour comprendre ses émotions et entendre son message.

4 AFFIRMEZ-VOUS EN OSANT DIRE CLAIREMENT OUI OU NON

Revendiquer son indépendance d'esprit avec ses propres arguments. Savoir exprimer et recevoir des critiques de manière non agressive, pour respecter autrui et réunir les conditions d'une discussion constructive.

5 NOURRISSEZ LA CONFIANCE AU SEIN DE VOTRE GROUPE

Respecter les autres, leurs initiatives, promouvoir le partage des idées et des projets c'est faire progresser la confiance au sein du groupe.

Chapitre 6

Gagner en mieux-être

Objectifs du chapitre

- ✗ Être créatif pour mobiliser ses atouts.
- ✗ Exister pour soi.
- ✗ Acquérir de l'autonomie.

Section 1

Composez la mosaïque de votre confiance

Étant donné que la confiance en soi se manifeste dans plusieurs domaines, qu'elle dépend de l'éducation, des émotions, de l'environnement mais aussi des dangers et de la créativité, il est préférable de parler de « mosaïque de la confiance en soi ». Or, pour composer une mosaïque harmonieuse, vous devez tenir compte de tous ces facteurs pour jauger votre croyance, tout en continuant à vous affirmer et à vous adapter. Cela vous mènera vers plus d'autonomie et de bien-être.

1 Estimez le poids de vos croyances

Plus vous êtes optimiste sur vos chances de réussite, plus vous êtes confiant. Autrement dit, « il faut y croire pour y arriver ». N'avez-vous jamais prêté attention à ce phénomène ? Cette croyance n'est pas véritablement définie. Aussi, il n'existe pas de recette miracle pour l'encourager.

Néanmoins, trois niveaux d'approches la caractérisent :

✓ ***psychologique,*** lorsque la croyance est assimilée à un jugement, à une interprétation particulière de l'environnement. Cela correspond à vos attitudes personnelles qui peuvent mener au succès ;

✓ ***psychosociologique,*** lorsque votre attitude est partagée avec un groupe d'appartenance. Ainsi, la croyance établit un lien social et permet de vous différencier des groupes qui ne pensent pas comme vous ;

✓ ***sociologique.*** La croyance est alors ce qui est partagé par le groupe et qui produit la cohésion sociale, ou le conflit avec d'autres groupes.

Parmi ces trois caractéristiques, sachez que les deux premières donnent une vision positive de soi et des chances de réussir. Elles vous permettent de vérifier par comparaison votre niveau personnel acceptable et encouragent vos compétences, votre talent et votre aisance, d'où l'intérêt du « bain de société ».

En fait, **avoir confiance en soi, c'est croire en soi**. Ceci est rendu possible par une « mosaïque de facteurs » (voir encadré « Témoignage » ci-dessous) : une éducation valorisante et encourageante, une expérience solide mais aussi et surtout grâce aux comparaisons sociales vécues sans trop de dommage. En un mot : confrontez-vous aux autres !

Témoignage

La confiance en soi à l'épreuve du service militaire

Hubert Jaoui se souvient de son service militaire comme d'une riche expérience qui l'a amené à renforcer sa confiance en lui : « J'avais été élève au lycée Carnot à Tunis, dans un milieu relativement élitiste. J'étais habitué à être l'un des meilleurs de la classe. De plus, ma mère m'avait programmé pour le succès. En effet, la tradition ethnique et religieuse forte chez les mères juives les amène à penser que leur fils est peut-être le Messie. Aussi, pour certaines, elles entretiennent une attention et une dévotion sans cesse répétées pour leur fils. Ma mère m'avait convaincu pour sa part que le service militaire allait bien se passer. Je partais donc avec cette idée. En me mêlant à toutes les couches de population et notamment à la France dite « profonde », je devais trouver l'occasion de renforcer ma croyance en ma possibilité de réussir. En effet, inévitablement je me suis comparé aux autres, j'ai cherché à me situer. Et par rapport aux autres, j'ai très vite eu la confirmation que je m'en tirerais bien dans la vie, ce qui donnait un sens à ce fameux dicton : "Quand je me regarde, je me désole ; quand je me compare, je me console" ».

❷ Comparez-vous pour augmenter votre confiance

Pour la majorité des gens, de nombreuses manifestations comportementales comme le désarroi, le doute, l'inquiétude, le dépit, la peur ou la crainte, sont assimilées à un manque de confiance en soi. Erreur ! Si ces attitudes sont passagères, elles sont tout à fait normales !

Mémento

Ne pas baisser les bras

Le rapport entre comparaison sociale, estime de soi et confiance en soi est étroit. La confiance étant en partie basée sur des croyances façonnées au contact du milieu (parents et société), vous pourriez perdre complètement confiance suite à une émotion forte, une humiliation par exemple. En ce cas, ne perdez pas foi en vos croyances ! Elles ont toujours été là pour vous et le resteront encore malgré les hauts et les bas que vous pourriez vivre.

Pour vous aider à surmonter ces situations au plus vite :

✔ ***localisez votre confiance en vous*** afin d'avoir pleinement conscience de votre vraie identité : quand êtes-vous confiant ? Dans quel(s) contexte(s) et en présence de quelle(s) personne(s) ?

✔ ***tournez-vous vers les autres*** lorsque vous doutez de vos opinions ou de vos actions. Cherchez des informations complémentaires pour affiner votre perception du monde et reprendre confiance ;

✔ ***concentrez-vous sur une personne en particulier*** en cas de stress ou de coup dur, si vous hésitez à prendre la parole en réunion par exemple. Choisissez quelqu'un qui vous ressemble et qui intervient avec aplomb pour vous inspirer de sa manière d'agir.

Le processus de comparaison sociale a des effets sur l'idée que vous vous faites de vous-même et peut, par extension, activer votre confiance en vous. Il n'en reste pas moins que vous devez d'abord croire en vous.

Et vous, où en êtes-vous ?

Savez-vous vous rééquilibrer ?

La confiance en soi est synonyme d'équilibre.
Le rapport entre vie professionnelle/vie personnelle est par définition l'expression de cette tranquillité positive et riche d'avenir et de projets réalistes. Beaucoup de gens se plaignent d'un envahissement par leur travail, qu'en est-il pour vous ?

Faites le test ci-dessous en cochant les cases « toujours », « souvent » ou « rarement » selon les propositions. Vous pourrez ainsi jauger l'équilibre réalisé... ou souligner la nature et l'ampleur du déséquilibre. Trouvez ensuite des préconisations pour rétablir l'équilibre si nécessaire.

Propositions	Toujours	Souvent	Rarement
Je fréquente des collègues hors du cadre du travail.			
J'emmène du travail à la maison.			
L'ambiance au travail me préoccupe.			
Quand ça va mal dans le travail, ça ne va pas bien à la maison.			
La nuit, je pense souvent au travail.			
En vacances, j'emmène du travail.			
J'aime parler de mon travail lors de rencontres fortuites.			
Je profite du week-end pour rattraper le retard pris au travail.			
Je rentre souvent en disant le soir chez moi que je suis « crevé », que j'en ai marre.			
Je reste le soir plus tard que les autres au travail.			

Pour connaître le résultat de votre autoévaluation, reportez-vous à la page 120.

Section 2

Croyez en vous !

Croire en soi, c'est être créatif : oser envisager des solutions aux problèmes et donc avoir conscience de vos possibilités, croire que la chance peut être à vos côtés. Cela vous permettra d'avoir une image de vous-même plus positive qui renforcera autant votre estime de vous-même que votre confiance. Ainsi vous ne vous laisserez plus guider par les événements et prendrez plus d'assurance en étant plus autonome.

1 Soyez créatif pour être plus confiant !

En misant sur la créativité, vous vous permettez d'oser, d'agir à votre guise, de gérer les contraintes qui se présentent à vous comme vous le souhaitez. Ainsi, vous ne remettez pas en doute vos capacités et sans en avoir conscience, vous êtes davantage confiant. Alors, adoptez les conseils suivants dans toutes les situations.

Optez pour la créativité !

Confiance en soi et créativité sont deux notions étroitement liées (voir encadré « Mémento » ci-contre). Aussi, pour renforcer votre propre confiance, augmentez votre potentiel inventif :

✔ ***envisagez au moins deux solutions à tout problème posé.*** Ce faisant, vous écarterez d'autant mieux les possibilités d'échec ;

✔ ***adoptez le principe « What's good about it ? »*** de Sydney Shore face aux situations de changement : soyez convaincu qu'une situation a toujours un aspect positif, quelle qu'elle soit (obligation de déménager, perte d'emploi, enfant non prévu…). En ce sens, votre bonheur est une décision personnelle : vous prenez les choses du bon côté ;

✔ ***appelez au rendez-vous votre confiance en vous*** déjà présente pour inventer, créer, innover. Refusez de vous sentir impuissant face à une nouvelle situation. Rappelez-vous vos réussites et aptitudes.

Confiance, ressources, puissance et capacité de dépassement sont dépendantes les unes des autres, ne l'oubliez pas. Vous avez le pouvoir d'infléchir favorablement ou défavorablement les situations, que vous ayez des croyances « limitantes » ou « potentialisantes ». Vous avez des aptitudes, faites-les (res)surgir.

Mémento

Confiance et créativité

Contrairement aux idées reçues, ces deux notions ne sont pas indépendantes. En effet, le moteur de la créativité est l'énergie (« J'y arriverai ») et non pas uniquement le talent comme vous pouviez l'imaginer.

Mais qu'est-ce qui peut rendre le créatif si heureux et sûr de lui ? Simplement le fait qu'il décide de ce qu'il fait, qu'il reste proche de ses émotions sans se laisser submerger par celles-ci. De plus, croyant à sa bonne étoile, il a toujours de la ressource et reste ouvert à des intuitions qui, depuis, ont été formalisées en méthodes pour augmenter le potentiel créatif de chacun.

⏭ Ayez conscience de vos possibilités

La confiance en vous apparaît sous cet angle comme une ressource à « gérer », dont il faut créer les conditions d'épanouissement. Si à l'origine, les messages parentaux, l'école, l'entourage ont pu jouer un rôle dans l'étayage de votre confiance en se faisant les alliés de votre moi, dans votre vie d'adulte, d'autres enjeux viennent consolider (ou altérer) cette construction.

En ce sens, **votre chance est d'avoir conscience de vos possibilités ou que d'autres vous facilitent cette prise de conscience.** Ainsi, si les autres vous aident à vous sentir plus responsable, vous abandonnerez la tendance à vous vivre en victime, vous déciderez, bougerez, inventerez davantage votre vie en faisant appel à la créativité. Car ceux qui manquent de confiance en eux ont tendance à mettre leur vie sur des rails, ils manquent de flexibilité mentale et cèdent au poids fatal des logiques déductives (« il y a ceci, donc il va se passer cela, donc je ne ferai pas telle chose… »). Gardez-vous de confondre assurance et rigidité.

Donnez-vous plutôt les moyens de (re)découvrir toutes vos aptitudes et capacités. Pour ce faire :

- ✔ revenez sur vos expériences, réussites, mais aussi vos échecs surmontés pour connaître vos aptitudes ;

Pour aller plus loin

Quelle est votre « catégorie de confiance » ?

Sachez que la confiance en soi range les individus en deux catégories de personnalités :

➜ la première correspond à ceux qui se fixent des objectifs et savent qu'ils vont y arriver. Ces derniers se libèrent plus volontiers du jugement des autres et ont une appréciation juste et lucide de leurs moyens et capacités ;

➜ la seconde regroupe ceux qui se rattachent à des objectifs qui viennent de l'extérieur, ce qui révèle une dépendance à la destinée.

Les personnes de la première catégorie ont souvent plus confiance en eux, mais cela n'est jamais acquis. De même, il est possible de passer de la seconde à la première ! Qu'en est-il pour vous ?

✔ définissez clairement vos objectifs : que voulez-vous faire maintenant, l'année prochaine, dans trois ans ?

✔ soyez ambitieux, vous savez ce dont vous êtes capable et à quel prix, alors visez juste un peu au-dessus !

✔ puisez dans vos ressources ;

✔ déterminez vos limites pour ne pas trop les dépasser.

En n'importe quelle situation, faites ressortir vos possibilités. Croyez en vous et… en votre bonne étoile !

❷ Croyez en votre étoile

Au quotidien, les notions de chance, fortune, destinée et de sort sont facilement associées à la confiance en soi. La plus belle expression d'une réelle confiance en vous serait un mélange d'espoir et d'optimisme qui émerge et oriente positivement vos propos, vos projets, vos intentions et pour tout dire colore votre volonté.

Quoi de plus rassurant pour vous, en effet, qu'une énergie ainsi disponible qui, sans « soulever des montagnes », affiche néanmoins de belles promesses ?

À ce propos, notez ces quelques remarques pour vous encourager à suivre cette voie :

✔ ***pensez que « la chance, il faut la provoquer »*** dépasse largement les croyances, talismans ou autres objets de superstition qui apparaissent plus comme des motifs de réassurance, des « béquilles » de la confiance en soi ;

✔ ***croire en son étoile renvoie à un regard tranquille et optimiste sur la vie*** et au statut de l'idée de bonheur dans votre conscience. Cela devrait vous ramener à vous-même pour croire en vous sans ombre, ni entrave extérieure.

Ainsi, vous pourrez être convaincu que vous êtes le responsable de votre propre chemin et que vous seul, sans vous mentir, pouvez apprécier la qualité de ce chemin.

Faites appel à votre bonne étoile quand tout semble aller mal. Certains parlent de foi dans la vie au sens philosophique du terme. Cela ressemble plutôt à une adhésion ferme de l'esprit, une conviction dans votre liberté d'être à la vie.

Témoignage

De l'importance d'y croire

Christelle, 45 ans, responsable en ressources humaines, se souvient de ce recruteur d'une grande société multinationale un peu original : « En fait, il avait pris l'habitude de poser la question suivante à ses candidats : "Avez-vous de la chance dans la vie ?". Puis, selon la réponse, il donnait ou non suite à la candidature. Pour lui, ceux qui répondait nettement et spontanément oui se comportaient en mettant d'ores et déjà la chance de leur côté ! »

Section 3

Affirmez-vous et gagnez en sécurité

En vous affirmant et en gagnant en sécurité, vous mettez tout en œuvre pour installer durablement votre confiance en vous. En appliquant les conseils qui vous aideront à être bien dans votre peau, vous changerez votre rapport aux autres. En outre, vous mettre sur la voie de la confiance, c'est croire en l'importance de votre volonté, c'est savoir ce qui fait et fera votre bonheur. Ainsi, vous serez à même de maîtriser votre niveau d'appréhension face aux changements.

❶ Existez pour vous !

Ne centrez pas toute votre existence sur la réussite d'un seul domaine. Sachez que vos valeurs appartiennent à différents domaines et comme à la Bourse, une baisse d'une de vos valeurs ne provoque pas systématiquement la baisse de toutes vos valeurs.

Votre personnalité est la somme de ces valeurs qui sont la base de vos références. Sachant que ces références sont là pour vous aider à vous déconnecter des repères extérieurs.

Pour être bien dans votre peau :

✔ ***évitez la fuite en avant :*** rouler trop vite pour rattraper un retard, faire des journées plus longues pour vous faire remarquer, voir trop grand, boire un verre de trop ou exiger toujours plus des autres. Penser qu'il suffit de faire ou d'avoir pour exister est un leurre ;

✔ ***acceptez vos émotions par rapport à vous.*** Mieux vaut savoir vous déconnecter vis-à-vis des références extérieures : les autres, les stéréotypes sociaux, etc. ;

✔ ***soyez vigilant quant à ce que vous éprouvez*** en une situation donnée (voir encadré « Mémento » ci-contre) ;

✔ ***osez faire face aux autres,*** en essayant de comprendre plutôt que de juger. Faites la différence entre la personne, ses comportements, manifestations et performances. Par exemple, un vendeur n'est pas incompétent parce qu'il vient de rater une vente ;

✔ ***aidez les autres à changer de scénario de réponse,*** de stratégie ou de choix si ceux-ci les ont amenés à des échecs. Faites-le sans remettre en cause la personne dans ce qu'elle est en soignant votre discours : distinguez le « Tu es comme ça » de « Cela ne me plaît pas que tu sois comme ça » ;

✔ ***posez-vous régulièrement la question :*** « Est-ce que je me sens vraiment bien ? » pour vérifier votre état d'esprit.

Mieux vous vous sentirez dans votre peau, plus vous saurez respecter les autres et plus vous créerez de meilleures conditions pour que les autres vous respectent.

Mémento

Accepter une émotion négative

Malgré la tendance qui incite à évacuer les sentiments désagréables (frustration, déception, etc.), apprenez à accepter toutes vos émotions, même les plus négatives si elles vous semblent appropriées. Autorisez-vous à être singulier. En effet, vous êtes le seul capable de les juger et rappelez-vous que vous existez en donnant un sens à ce que vous ressentez. Votre confiance s'exprime à travers votre équilibre entre l'émotion qui comprend et la raison qui valide. Faites confiance à ce duo : faites le feedback sur vos émotions (« J'ai été triste à l'idée d'apprendre que... ») en toute légitimité, tout en respectant les autres sans les juger.

❷ Croyez en l'importance de votre volonté

Avoir confiance en vous, c'est :

✔ vous sentir bien ;
✔ être conscient que vous avez des ressources ;
✔ faire preuve d'affirmation de soi en osant prendre des risques, en allant de l'avant ;
✔ accepter l'idée que vous êtes faillible ;
✔ savoir rebondir.

En vous connaissant mieux et en vous acceptant tel que vous êtes, vous êtes plus lucide et vous êtes à même de discerner ce qui est

Pour aller plus loin

Bien distinguer affirmation de soi et confiance en soi !

→ L'affirmation de soi est l'aptitude de celui qui ose exprimer son point de vue en toute intégrité sans céder ni se faire agresser. Elle suppose une bonne indépendance d'esprit et un bon discernement pour savoir accepter ou refuser (dire oui ou non) sans remords (définition du Dictionnaire de la formation et du développement personnel, ESF éditeur).

→ La confiance en soi est plutôt la capacité de « croire en l'importance pour vous, de ce que vous voulez » : elle se traduit par de l'assurance.

important pour vous indépendamment de toute pression extérieure. De plus, vous faites désormais attention à dissocier confiance en soi et résultats ou performances.

Pour préserver votre confiance, protégez-la comme un trésor, comme un de vos biens les plus précieux qui ne doit pas être trop contaminé par l'environnement social. **Suivez vos propres émotions, elles vous renseignent sur ce qui est important pour vous** et cela vous permettra de limiter les risques de culpabilité et de déstabilisation.

Apprenez à croire en l'importance pour soi de ce que vous voulez et de vous en tenir à cela. À charge pour vous d'apprendre à regarder ce qui fait votre bonheur et votre santé, histoire de vous mettre sur la voie de la confiance en soi.

3 Maîtrisez votre appréhension

Une certaine dose d'insécurité est nécessaire pour progresser. Faire preuve de confiance en soi, c'est parvenir à pondérer la peur et l'inquiétude face à la nouveauté, l'inconnu, le manque ou le danger.

Pensez ici en regardant droit devant vous sans fixer le passé (car les peurs sont des comportements transmis et réactivés, répétés) contraire à toute réalité objective.

Accepter les insécurités, doser les risques autorise à accepter un avenir comportant nécessairement une part d'incertitude.

Pour baisser le niveau d'anxiété qui freine votre confiance :

✔ ***recherchez un climat favorable et coopératif.*** Par exemple, le pilote automobile sait que les sponsors ont misé sur lui ; lui-même doit avoir une confiance totale dans les mécaniciens et les techniciens de sa voiture ;

✔ *ne tenez pas trop compte des avis des autres* pour limiter votre dépendance à une **réassurance permanente** ;

✔ *mettez au clair votre hiérarchie des valeurs :* ce qui compte pour vous, vous plaît, vous fait du bien, vous fait douter, etc., afin de mieux discerner la part de prise de risque que vous pouvez prendre ;

✔ *pratiquez l'emprunt d'expérience :* chez les autres, prenez les meilleurs conseils, expérimentez-les puis intégrez-les ;

✔ *dépassez vos limites* et gardez-les en mémoire, elles vous serviront de repère pour **relativiser et dédramatiser** des circonstances porteuses de dangers moindres. Vous pourrez ainsi agir dès les premiers signes pour gérer les risques et l'insécurité ;

✔ *faites l'expérience de la solitude* même si vous prenez du plaisir à appartenir à un groupe (famille, entreprise…). Soyez attentifs à ne **jamais réduire votre existence à cet espace commun**. N'accordez pas d'importance à l'image sociale négative de la solitude, n'ayez pas peur de la choisir par moments surtout si elle s'impose à vous ;

✔ *évaluez vos vraies ressources disponibles ;*

✔ *osez regarder la réalité en face* afin de bien discerner la vérité du danger ;

✔ *recherchez un mélange supportable et stimulant d'aventure et d'incertitude* pour être en mesure d'accepter les risques.

Suivre ces conseils vous procurera une certaine sérénité, une meilleure humeur, et diminuera votre niveau d'anxiété. Ainsi, vous serez plus tranquille, plus en phase avec vos exigences morales et vos désirs.

Section 4

Vivez en bonne intelligence avec vous-même

Quel est le secret du bonheur ? Vivre en bonne intelligence avec soi-même, c'est-à-dire accepter une bonne fois pour toutes que vous n'êtes pas parfait, gagner en autonomie en luttant contre le sentiment d'échec pour aider la chance et enfin, vous affermir en mettant en avant votre réalité plutôt que celle des autres.

1 Gagnez en autonomie en luttant contre le sentiment d'échec

Si vous vivez avec un complexe d'échec, vous êtes la proie de motivations inconscientes capables d'inhiber vos actions et de réprimer la jouissance lors de succès, effet secondaire agréable de la réussite. Par conséquent, cela vous empêche d'atteindre un but ou de profiter d'un bon résultat obtenu.

Pour surmonter l'échec :

✔ ***regardez la réalité en face*** et cherchez à mieux la connaître, à évaluer le vrai niveau de difficulté que vous affrontez ;

✔ ***évaluez vos moyens pour sentir vos limites.*** La réussite professionnelle vraie et bien assumée se situe plutôt du côté de ceux qui savent placer leur niveau d'aspiration juste au-delà du niveau de leurs possibilités ;

✔ ***tirez profit de l'adversité et de l'échec*** le cas échéant pour vous consolider dans l'épreuve ;

✔ ***acceptez et fêtez les succès,*** car l'échec guette plus ceux qui hésitent et ne prennent pas plaisir dans le succès éventuel.

Faire preuve de confiance en vous, c'est savoir exiger de vous quelque chose de réaliste et d'accessible comme pour vous laisser « tracer au-devant de vous » et ainsi contribuer à aider la chance !

❷ Affermissez-vous en éprouvant de l'intérieur

L'autonomie est « un état d'intégration dans lequel quelqu'un vit en harmonie avec ses sentiments et ses besoins » et non pas seulement le fait de pouvoir assumer seul les responsabilités confiées.

Être autonome, ce n'est pas chercher à s'imposer, c'est apprendre le plus tôt possible à percevoir ses propres sentiments et besoins, ses mobiles. Apprendre sur soi en quelque sorte, sentir qu'il y a quelque chose qui vient de l'intérieur, alors que tout semble procéder par l'extérieur (le contexte social et surtout les modèles dominants de pensée). En mettant trop l'accent sur l'adaptation, tout se passe comme si les pulsions devaient être camouflées.

Pour accepter sans peur de suivre votre propre autonomie, une opération de substitution s'impose : **réintroduisez votre volonté**, là où une volonté extérieure s'installe parfois par excès.

Mémento

Qu'est-ce que l'échec ?

C'est un décalage entre l'adaptation et l'effort : ils sont inférieurs au niveau attendu. Vous avez un sentiment d'échec quand, ayant mis les meilleurs moyens de votre côté, vous cafouillez malgré tout, vous insistez avec une obstination inutile et subissez un revers parce que vous ne parvenez pas au but que vous vous étiez fixé. Sachez que :

➜ les individus timides, irrésolus et résignés semblent subir l'échec comme une fatalité, comme s'ils cherchaient à faire exprès d'échouer, comme s'ils voulaient se punir d'une culpabilité inconsciente. Des échecs répétés peuvent tout simplement être le fait d'une prise de conscience, débouchant sur un sentiment général de l'existence transposé en impuissance à agir et à surmonter les difficultés ;

➜ les individus confiants ont la capacité de regarder l'échec sous un autre angle. Ainsi Beethoven, attaqué par les critiques, répliqua : « Je veux prendre le destin à la gueule, cette musique n'est pas pour vous, elle est pour les temps à venir »... Prenez-en de la graine !

Pour cela, vous devez connaître vos limites pour vivre en bonne harmonie avec elles :

✔ ***admettez votre relative impuissance*** lorsque la situation se présente : vous n'êtes pas un surhomme (d'ailleurs, personne ne l'est !) ;

✔ ***diagnostiquez vos échecs*** pour découvrir quelle est votre part de responsabilité ;

✔ ***faites le point sur vos qualités et faiblesses,*** en faisant appel à un tiers au besoin. Vous devez faire preuve d'un maximum d'objectivité lors de cet exercice ;

✔ ***acceptez l'aide qui peut vous être proposée lors de certaines situations,*** ces propositions ne tiennent pas du hasard et révéleront parfois certaines de vos limites.

Votre objectif en somme est de parvenir à une plus grande autonomie, c'est de devenir capable de lutter en faveur de votre propre réalité face à la pression générale qui impose ses modèles. Ainsi, vous serez considéré comme une personne confiante et assurée.

Ne sentez-vous pas déjà que vous avez gagné confiance en vous ? N'êtes-vous pas mieux avec vous-même ? Sachez que cela n'est que le début d'une longue évolution. En pratiquant au quotidien les exercices que vous venez de lire et en suivant les conseils de cet ouvrage, vous allez poursuivre jour après jour le renforcement de votre confiance.

Et vous, où en êtes-vous ?

Savez-vous ce que vous avez vraiment appris ?

Vous aurez tiré parti de ce livre si au fil de la lecture :

➜ Vous avez pris conscience qu'il faut s'éveiller à soi : prendre le temps de découvrir comment vous fonctionnez.

➜ Vous avez compris que vous êtes votre meilleur allié : d'une part s'accepter et faire avec soi-même sans culpabilité.

➜ Vous avez senti monter le désir de progresser, c'est-à-dire d'expérimenter, d'oser, de tenter.

➜ Vous tenez compte des autres sans en dépendre.

➜ Vous savez prendre le temps de clarifier ce que vous voulez.

➜ Vous avez appris à relativiser les événements.

➜ Vous acceptez de vous remettre en cause, de tirer des enseignements.

➜ Vous sentez l'optimisme prendre le dessus : donner la priorité aux bons côtés des choses.

➜ Vous accordez plus souvent votre confiance aux autres car vous découvrez qu'en retour ils vous font aussi plus régulièrement confiance.

➜ Vous maîtrisez mieux votre libre arbitre : suivre votre première idée, oser dire non, ne pas céder, ne pas s'obstiner non plus.

Précisez maintenant les points sur lesquels vous souhaitez progresser et refaites ce bilan dans 3 mois.

L'essentiel

GAGNER EN BIEN-ÊTRE, C'EST INSTALLER DURABLEMENT LA CONFIANCE EN VOUS. C'EST DONNER À TOUS LES ALLIÉS QUE VOUS AVEZ RASSEMBLÉS LE MEILLEUR TERRAIN POUR S'ÉPANOUIR. C'EST AUSSI ET SURTOUT APPRENDRE À VIVRE EN BONNE INTELLIGENCE AVEC VOUS-MÊME, CE QUI VOUS AIDERA DANS LA VIE DE TOUS LES JOURS DANS DES DOMAINES PLUS VASTES QUE LA CONFIANCE EN SOI.

1 COMPOSEZ LA MOSAÏQUE DE VOTRE CONFIANCE

Tenir compte de ses émotions, ses croyances, ses expériences, sa créativité pour composer une confiance en soi solide.

2 CROYEZ EN VOUS ET PROVOQUEZ LA CHANCE

Prendre sa vie en main. Ne pas se laisser guider par les événements, voir le côté positif des choses, mobiliser ses ressources, sa capacité de dépassement.

3 SOYEZ BIEN DANS VOTRE PEAU !

Trouver le bon équilibre entre ce que dictent les émotions, ses désirs et sa raison pour être singulier !

4 TRAVAILLEZ À VOTRE BONHEUR

Dessiner son périmètre d'action et de confort en suivant ses émotions, en ayant connaissance de ses limites. Apprendre à croire en l'importance de sa volonté et s'en tenir à cela pour faire son bonheur.

5 AMÉLIOREZ VOTRE CONFIANCE TOUS LES JOURS

Se rappeler que les progrès en matière de confiance se mesurent chaque jour quelles que soient les situations. Garder confiance en sa confiance, car celle-ci se développe à tout âge.

Résultats des exercices

. 13

Mesurez votre manque de confiance en vous

Si vous avez trouvé qu'une majorité d'attitudes vous sont familières, vous avez mesuré le manque de confiance en vous mais vous avez déjà progressé en identifiant les situations où celui-ci est particulièrement présent. La lecture des autres chapitres vous aidera à comprendre pourquoi et à y remédier. Vous êtes sur la bonne voie !

. 25

Allez au-devant de vous

Cet exercice vise à mettre le pied à l'étrier de la connaissance de soi, tâche jamais terminée. Il vous permet de prendre plus de recul, de lucidité. La lecture du chapitre 4 vous permettra d'avancer plus loin dans cette connaissance de vous-même et vous verrez qu'elle renforcera votre confiance en vous. Nous ne pouvons que vous inciter à parler de vous car les autres vous aideront dans votre connaissance de vous-même.

. 31

Jouez au jeu des identifications

En faisant cette liste des personnes à qui vous avez voulu ressembler ou pas, vous avez mesuré l'influence que pouvaient avoir ces personnes. Vous avez pu constater quelles étaient les identifications réussies et pourquoi. La lecture du chapitre 3 vous guidera vers davantage de sérénité. Vous apprendrez à mieux vous connaître en vous acceptant tel que vous êtes. Et, vous pourrez enfin choisir les modèles qui vous conviennent, ceux qui vont renforcer votre confiance.

. 43

Avez-vous déjà quelques indicateurs de la mise en place de votre confiance en vous ?

Question 1 : En répondant oui, vous reconnaissez ainsi que vous avez peur d'affronter l'inconnu, source de dangers. Dépasser ces limites est source de confiance. Appliquez les conseils pratiques de « Pour tirer parti de l'expérience ». Si vous êtes très anxieux, relisez dans ce chapitre « Sécurisez votre confiance ».

Questions 2 et 3 : Si vous avez répondu non à ces questions, lisez « Tirez parti de vos faiblesses » dans le chapitre 3 pour progresser.

Question 4 : Si vous avez répondu oui, attention ! Ces certitudes ne signifient pas pour autant une bonne confiance en vous. Pour être en confiance en toutes circonstances, il faut être ouvert et disponible aux changements.

Question 5 : En faisant le point sur vos atouts, vous avez trouvé de précieux alliés pour votre confiance. Vous allez encore progresser en lisant le chapitre 3 « Tirez parti de vos faiblesses ».

Question 6 : Si vous avez répondu oui à cette question, c'est excellent ! Vous savez déjà identifier vos désirs et foncer dans l'action. Concentrez-vous alors sur l'atout que vous maîtrisez le moins : l'expérience ou l'ambiance. Votre but doit être de combiner ces trois alliés.

Question 7 : Si vous avez répondu non, vous êtes lucide. Si vous avez répondu oui, attention, vous n'avez pas suffisamment pris conscience que la confiance se construit au jour le jour et que même en la développant, vous n'atteindrez pas 100 % de confiance.

Question 8 : Si vous détestez répéter les mêmes actions, vous vous privez de sécurité et d'aisance dont vous manquez dans certaines circonstances. Dites-vous que chaque action répétée, c'est comme acquérir un niveau de compétence supérieur.

Question 9 : Rien d'étonnant ! Vous avez raison de vouloir évoluer dans une bonne ambiance, c'est mieux pour tout le monde ! Appuyez-vous désormais sur celle-ci pour faire progresser votre confiance.

Question 10 : Espérons que le mot talent ne vous a pas fait cocher à la hâte la case NON ! Avec ou sans identifications, vous avez, nous avons tous des talents. Savoir les reconnaître, c'est bâtir un socle solide pour la confiance en nourrissant l'estime que vous vous portez. Vous en apprendrez encore davantage en lisant le chapitre 4 « Enrichir votre estime de soi ».

Question 11 : Comme pour la question 7, il est question ici de votre lucidité. Vos ambitions sont modestes et il doit en être également de même pour votre confiance.

p. 49

Analysez une petite histoire de non-confiance

En vous confrontant avec l'histoire d'un autre, vous identifiez à quel point la construction de la personne se fait en interaction constante avec les inconscients parentaux. L'éducation vous a modelé et ces modèles inculqués ont une influence sur votre vie.

p. 52

Savez-vous quels sont vos qualités et vos défauts ?

Faire le point sur vos qualités et vos défauts est une étape incontournable si vous voulez développer votre confiance. Ce bilan vous permettra de :

➜ croire en vous et en vos moyens ;
➜ connaître vos points faibles, les accepter, vouloir les améliorer ;
➜ vous aimer vous-même suffisamment tel que vous êtes ;

➜ ne pas vous tromper face aux obstacles et aux risques, savoir ce dont vous êtes capable ;
➜ regarder avec objectivité la valeur des autres et vous situer sans gêne par rapport à eux ;
➜ respecter vos désirs, vos projets, y consacrer du temps et de l'énergie ;
➜ ne pas gaspiller ressources et potentiel d'expérience et de compétences ;
➜ avoir confiance dans les autres, le futur, l'entourage.

61 Savez-vous ce que traduisent vos mécanismes de défense ?

Comme vous ne pouvez rester constamment en dehors de tout conflit, savoir identifier vos réactions les plus fréquentes vous aidera à prendre conscience de ce qui est en jeu à ce moment-là. Si la traduction de « votre » mécanisme de défense ne vous convient pas, faites changer les choses. En restant disponible, ouvert aux autres, prêt à la négociation (voir « Réussissez toutes vos négociations » du même auteur et dans la même collection).
Si vraiment vous vous sentez trop souvent exposé aux conflits de toute nature, vous trouverez dans la même collection, un ouvrage de Dominique Chalvin : « Optimisez vos relations aux autres ».

70 Savez-vous quel est le niveau de votre estime de vous ?

Totalisez vos scores et mesurez votre estime :
➜ si vous avez entre 28 à 50 points : votre estime de vous est très insuffisante ;
➜ si vous avez entre 51 à 100 points : votre estime de vous est moyenne ;
➜ si vous avez entre 101 à 150 points : vous avez une forte estime de vous-même ;
➜ si vous avez entre 151 à 175 points : votre estime de vous est excessive.

Ensuite, regardez votre score dans la colonne « 7 » qui identifie les situations où vous avez qualifié votre estime très forte ainsi que votre score dans la colonne « 1 » qui a identifié les situations sur lesquelles vous devez vous améliorer en priorité.
Aidez-vous des quatre zones de la fenêtre de Johari pour vous ouvrir aux autres et développer votre estime.

79 Savez-vous quel est votre niveau de culpabilité ?

Additionnez le nombre de croix de chaque colonne. Attribuez pour chaque croix un nombre de points particuliers :

➜ Tout à fait = 1 point ;
➜ En partie = 3 points ;
➜ Rarement = 5 points.

Si votre score est compris :
➜ entre 15 et 30 points : vous avez un très fort sentiment de culpabilité ;
➜ entre 30 et 45 points : vous ressentez un fort sentiment de culpabilité ;
➜ entre 45 et 60 points : votre sentiment de culpabilité est moyen ;
➜ entre 60 et 75 points : votre sentiment de culpabilité est très faible.

Pour aller plus loin, lisez le chapitre 6.

p. 97 Faites-vous sufissament attention à vous ?

La liste des « bonnes choses » pour soi est évidemment très personnelle. À titre d'exemple, voici quelques pistes, histoire de réveiller certains « appétits » :
➜ lister les gens que vous avez envie d'inviter ;
➜ aller flâner dans une librairie et vous acheter des livres inhabituels ;
➜ vous acheter un vêtement original ;
➜ vous balader en touriste dans votre ville ;
➜ ranger votre cave, mettre en valeur des objets et renoncer à d'autres inutiles ;
➜ essayer un nouveau restaurant ;
➜ demander à vos proches un conseil et le suivre ;
➜ faire une surprise à un parent proche ;
➜ aller voir un film déjà vu ;
➜ déménager une pièce et réorganiser l'espace de tous les jours ;
➜ vous reposer un peu plus que d'habitude ;
➜ oser marcher et flâner ;
➜ prendre du temps à vous occuper de vous : prendre un bain, vous faire masser, vous relaxer...
➜ jouer à un jeu de société ;
➜ vous acheter un objet par plaisir esthétique.
La liste seule ne suffit pas. Le plan d'action et les délais pour les réaliser sont essentiels.

p. 103 Savez-vous vous rééquilibrer ?

Additionnez le nombre de croix de chaque colonne. Attribuez pour chaque croix un nombre de points particulier :
➜ Toujours : 5 points ;
➜ Souvent : 3 points ;
➜ Rarement : 1 point.

Selon le total obtenu, vous pouvez mesurer l'ampleur du déséquilibre travail/vie personnelle :

➜ **si votre score est compris entre 10 et 20 points :** votre équilibre est bon ;

➜ **si votre score est compris entre 21 et 30 points :** votre déséquilibre est moyen ;

➜ **si votre score est compris entre 31 et 40 points :** le déséquilibre entre votre travail et votre vie personnelle est fort ;

➜ **si votre score est compris entre 41 et 50 points :** ce déséquilibre est très fort.

Relisez chaque proposition de l'exercice. Sélectionnez les domaines où vous souhaitez changer. Fixez des priorités puis fixez-vous des objectifs de progrès.

Exemple : je n'ai que des amis de travail.

Objectif : reprendre contact avec un bon ami d'enfance ou de vacances, « oublié » depuis trois ans.

Pour aller plus loin

→ *La confiance en soi, avoir confiance pour donner confiance*, de Lionel Bellenger, collection « Formation permanente », ESF éditeur, 8e édition, 2007.

→ *Être soi, apprendre à devenir soi-même*, de Rebiha Couillet, collection « Formation permanente », ESF éditeur, 3e édition, 2004.

→ *L'affirmation de soi, mieux gérer ses relations avec les autres*, de Dominique Chalvin, collection « Formation permanente », ESF éditeur, 14e édition, 2009.

→ *Cultivez votre personnalité*, de Dominique Chalvin, collection « Formation permanente », ESF éditeur, 2e édition, 2006.

→ *Affirmez-vous au quotidien*, de Dominique Chalvin et Delphine Barrais, collection « Management », ESF éditeur, 1re édition, 2008.

La PNL (programmation neuro-linguistique) vous donne des clés pour comprendre autrui. Vous apprenez à connaître vos fonctionnements, à décoder le langage verbal et non verbal que tout le monde utilise pour communiquer.

→ *S'initier à la PNL, les basiques de la programmation neuro-linguistique*, d'Alain Cayrol et Patrick Barrère, collection « Formation permanente », ESF éditeur, 12e édition, 2008.

→ *La PNL avec les mots de tous les jours*, d'Alain Duluc, Jean-Louis Muller, Antoine Pina, Frédéric Vendeuvre, collection « Guides pratiques de la Cegos », ESF éditeur, 8e édition, 2008.

Retrouvez Lionel Bellenger
sur le site Internet www.lionelbellenger.fr

Achevé d'imprimer
en septembre 2009
par L.E.G.O. S.p.A.
Lavis (TN), Italie